幸福の条件

アドラーとギリシア哲学

岸見一郎

角川文庫
20313

はじめに

幸福なんかになるものか、と思っている人はいる。そんな幸福という言葉を口にするのも恥ずかしいと思っていた時もたしかにあった。今となっては立身出世はかなわないことであるし、なにしろ、今のこの世の中、何が起こるかわからない。よもやこんな名のある大企業がつぶれるはずがないと思っていても、そんなことが日常的に起こるような時代である。よい学校に行ってよい会社に入れば、幸福な人生が送れるという図式は今や完全に崩れ去ってしまっているように見える。それにもかかわらず、時代の変化に気づかず、あるいは、気づかないふりをして、今もって幸福になれると思っている人は多い。

それではこんな時代であれば、人は幸福になれないのか。幸福になんかなるものか、といい放つ人であっても、そのことの意味は、通俗の意味での幸福には魅力を感じないというだけのことではないか。

一体、人は幸福になることができるのか。不幸であることを望んでいないのに、事実として幸福ではなく不幸な人がいるとしたらなぜなのか。

このようなことについて探求するいわゆる幸福論は古代ギリシア以来、西洋哲学の中心的テーマの一つであった。とりわけ一九世紀は幸福を主題とした思想や小説があふれ、幸福論絶頂の時代の感があったが、二〇世紀に入ってからは幸福になるための実用書は巷《ちまた》にあふれても、そして不幸論や苦悩論はあっても、幸福論は姿を消した(鷲田清一『死なないでいる理由』五四～五五ページ)。

中島義道は『不幸論』において、失恋や受験の失敗のような災いにあっても本当は幸福だと思い込ませようとしたり、本人も必死に思い込もうとする人を「幸福でありたい症候群」と名づけることにする、とし(四ページ)、人間はどうあがいても幸福になれないのだから、無理に幸福を装って欺瞞《ぎまん》的に生きるより、あっさりと不幸を自覚して生きる方がいいのではないか、その方が「よく生きる」ことができるのではないか、と指摘する(一三ページ)。

たしかに世に氾濫《はんらん》する幸福の勧めは安直で、何もしなくても癒されるかのような幻想を説く胡散臭《うさんくさ》いものが多いように思う。私はカウンセリングをしているが、相談にきた人が「気持ちが楽になりました」と語る一方で、あとからじわじわ腹が立ってきた、とか、カウンセリングを受けた日の夜に吐いたなどと、必ずしも受け入れることが容易ではないことを話すことがある。よしもとばななががこんなことを書いている。

「気持ちのいいことや楽しいことだけ書いて、それを読んでも自殺は止まらない。苦しみとか、苦痛とか、同じものが入ってないと、本の中に。におわしてあるだけでも

書いてないと、人間は絶対に救われない」（『イタリアンばなな』八二ページ）

やがて明らかにするように、他の人や自分以外のものに今の自分のあり方の責めを帰したいと思ってカウンセリングを受けても、いずれすべてが自分に返ってくることを知ることになる。そのようなカウンセリングはなかなかハードなものになる。

しかし人はどんなことがあっても幸福にはなれない、と私は断言はしない。幸福という言葉でイメージされる中身は（今はさすがにこんなことを臆面《おくめん》もなくいえないだろうが）、立身出世というような通俗的なものでは決してない。

子どもの成長だけを願って自分の人生を犠牲にしてきたのに、子どもが独立した時、人生が終わってしまったように思う女性がいる。一体、私がここにいる意味は何なのか、と途方に暮れてしまうことになる。

ネットで知り合った人たちが集まって自殺する事件で重体になった大学生がいた。自殺の理由をたずねられて、あと四十年毎日同じ生活をするのは苦しい、といったという。同じ生活が続くとはとても思えないのだが、若い人で大学に入学し、卒業したら就職、家を買って結婚するというふうに早くから人生設計をしている人に会うことがある。それが思うとおりに実現することを信じて疑わない。あと四十年毎日同じ生活をすることになるという発想はこのような人生設計から出てくるのだろう。

しかし運よく就職できたとしても会社そのものが四十年もの間存続しているかわか

らない。リストラで辞めるということもあるだろうし、自分から思い立って辞めることもあるだろう。それどころか自ら命を絶つまでもなく、この人生はいつなんどき終わるかわからないのである。

このように今の世の中の状況はすっかり変わってしまっていて、死は昔も今も誰にも平等に訪れる。もしも幸福が通俗的な幸福を意味するのであれば、たしかに幸福になることはできないだろう。

そのような意味ではない幸福へ至る道は険しいものになる。たしかにあなたのせいではないといわれたら楽になるかもしれない。人のせいにすればいい、人のせいにできなかったためにここまで苦しかったのだから、とカウンセラーが本の中で書いていたのを読んだことがある。しかしそんなことをしても根本的な問題解決にはならない。

中島が、あっさりと不幸を自覚して生きる方がいいのではないか、その方が「よく生きる」ことができるのではないか、と、かっこ付きで「よく生きる」という時、プラトンの『クリトン』の中の次の言葉を想起することができる。

「大切にしなければならないことは、ただ生きることではなくて、善《よ》く生きることである」（プラトン『クリトン』四八b）

死刑の判決を受けたソクラテスが語る言葉である。

ソクラテスは国家が信じる神を信じない、青少年に害悪を与えたという理由で告訴された。アテナイは陪審制を採っていたので、陪審員によって、最初に有罪か無罪かが決定され、その後、有罪と確定すれば、刑の種類が決められる。この時、裁判官に嘆願するなどして弁明すれば情状酌量されて軽い刑ですんだかもしれないのに、それまでの自分の生き方を曲げてまで生き延びること（これが「ただ生きる」ということの意味である）を潔しとはしないソクラテスは、ほとんど自殺行為とも思えるような演説をすることで裁判官たちを怒らせ死刑の判決を受けた。

その後、事情があって、刑の執行は一月延期され、その間、弟子たちは毎日朝早くから刑務所に通った。当時の慣行としては、賄賂《わいろ》を密《ひそ》かに刑務所員に贈れば、海外に逃亡することは不可能ではなかった。それにもかかわらずソクラテスは弟子たちの脱獄の勧めを断わって死刑に服することを選んだ。

このようにソクラテスは生涯をかけて行ってきた真理を探究する哲学という営みをいささかも恥じることなく、それどころか誇りにして死んでいったことを思うと、中島が指摘するように、「善く生きる」とは苦労せず幸せに人生をまっとうするという話ではない（『たまたま地上にぼくは生まれた』一二一ページ）。むしろ、人生の暗黒面、どうせ死んでしまうとか、不平等とか、偶然という「解けない問い」を遮断して、それらを取り込むことによってでしか充実して生きられないという直観がある、という中島の指摘は私もそのとおりだと思う。

古代ギリシアの歴史家ヘロドトスの『歴史』に、ギリシアの七賢人の一人、アテナイの政治家であるソロンとリュディアの王クロイソスとの対話がある。後にリュディアの首都サルディスはペルシア軍に占領され、王自身が捕らえられることになるが、ソロンが会ったのはそれ以前のことである。ソロンは内乱寸前のアテナイに法律を制定し、これを改変しないという約束をした上で十年間の予定で外遊の途についた。サルディスを訪れたソロンにクロイソスはこうたずねる。

「アテナイの客人よ、あなたの噂はこの国へも雷のごとく響いている。あなたの賢者であることはもとより、知識を求めて広く世界を見物してまわった漫遊のことも聞き及んでいる。そこでぜひおたずねしたい、誰かこの世界で一番幸福な人間に会ったかどうか」

クロイソスは当然自分こそが世界中で一番幸福な人間であるつもりでたずねたが、ソロンは答えた。

「王よ、アテナイのテロスがそのような人物であろうと思います」

驚いた王は、どういう点でテロスが幸福であると考えるのか、とたずねた。ソロンはいう。

「テロスはまず第一に、繁栄した国に生まれてすぐれたよい子どもに恵まれ、その子らにまた皆子どもが生まれ、それが一人も欠けずにおりました。さらにわが国の標準からすれば生活も裕福でしたが、その死際がまた実に見事なものでした。アテナイが隣国とエレウシスで闘った時、テロスは味方の救援に赴き、敵を敗走せしめた後、見事な戦死を遂げたのです。アテナイは国費をもって彼をその戦没の地に埋葬し、大いにその名誉を顕彰したのです」(『歴史』巻一、三〇、二八～二九ページ、松平千秋訳)

クロイソスだけでなく、私もこの答えに満足できない。自分と自分が住む国家に一体感があり国家が安定し、全体として繁栄に向かっていると思えるのであれば、このテロスのような人生が幸福なものである、と思えるかもしれないが、私にはそんなふうには到底思えない。

国家のために生き、国家のために死ぬというようなことが無邪気に信じられない今日、何が幸福であるかは、もはや決して自明ではない。「善く」生きるという時、どのように生きることが「善く」生きることなのか自明ではない。悪政のもとでもなお人は幸福に生きることができるかは歴史的にもしばしば現実的な問題であったし、とりわけ今日、切実な問題になっている。

既存の価値を無批判に受け入れることなく、それを疑い、批判することは古来、哲学の営みであった。ソクラテスは知者と思われている人のところへ、ヘラクレスの難行のような「遍歴」(『ソクラテスの弁明』二二a)をして、実は彼らが知者ではないことが明らかになるような対話をしてきた。このためにソクラテスは恨まれ死刑になったのである。

私は早くから哲学を志して学んできた。プラトンの対話篇によってこのソクラテスのことは強い印象を私に残したのだが、高校生の頃からドイツ語を読めたのでカント哲学を学びたいと思ったり、アレクサンドリアのフィロンというユダヤ教とギリシア哲学、特にプラトン哲学を結びつけたユダヤ人の哲学者の研究をしようと思っていた。ユダヤ教とギリシア哲学の接点をフィロンの中に見てとるのはきっとおもしろい、と思ったのである。

しかし、この話を当時世話になっていた先生にしたところ、哲学を学ぶのであればギリシア哲学を学ぶように、と諭された。哲学（ピロソピア）という言葉も概念もギリシアのものなのだから中世の哲学も近世の哲学も、またドイツ哲学もフランス哲学も、それらは皆ギリシア哲学との類比で哲学と呼ばれるのだから、ギリシア哲学を学ぶのでなければいつまでも哲学理解はあてずっぽうのようなことになる、と注意を受けた。そこで思いがけずソクラテスと再会することになった。ギリシア哲学を専攻するという選択は誤ってはいなかった。

大学院でプラトンやアリストテレスの原文を厳密に読むというトレーニングを受けた。もともと外国語を学ぶことは苦痛ではなかったし、翻訳ではなく原文を一字一句おろそかにしないで読むことの重要性はよく承知していたのだが、そもそも哲学に関心をもつに至った問題を棚上げにしてきたという思いは実のところずっとあった。それは死の問題である。

小学生の時死ぬのが恐いと思った。肉親を次々に亡くす前は人生に影を落とす死のことなど知らなかった。しかし祖父、祖母、弟が死ぬのを目の当たりにして、一体、この私が死ぬというのはどういうことなのか、私はどこからきてどこへ行くというのかという問いが私を捉《とら》えた。どれだけのことを当時考えていたかは、今となっては定かではないが、死の影に脅かされていた私は、大人たちが死など存在しないかのように明るく笑って日々を暮らしていられることを不思議に、そして腹立たしく思った。

そこで私は死とは何かを探求し始めたが、「死とはかくかくしかじかのものである」というような一般的な答えがほしかったわけではなくて、ほかならぬこの私が死ぬとはどういうことかを知りたかったのである。哲学がこの問いに答えうることを知るまでにはずいぶんと回り道をすることになった。

後に母が脳梗塞《のうこうそく》で亡くなった。この時も人生の意味について考え直すことを余儀なくされた。もとより本を通して死をめぐる問題について考えてきたが、真に自分の問題になったのはこの時が初めてだった。

その後、もう一つ大きな人生の転機を迎えることになった。大学院に在籍していた時に息子が生まれたことである。矢野顕子がインタビューに答えて「子どもが生まれてからの人生はその前の人生とは明らかに違う、何が違うのかといわれても、ただ違うとしかいえない」といっているのを聞いたことがある。そのとおりだと思う。後に娘も生まれ、三十代の私の人生は子どもたちとの関わりなしに考えられないものになった。矢野は「ただ違うとしかいえない」というが理由ははっきりしている。子どもは手ごわい存在で親の人生の行く手をさえぎることもありうるからである。

このような存在は子どもに限らない。自分の思うがままに生きようと思ってもそうすることを阻む人に会わないということはありえない。そのような人とどうかかわっていけばいいのか。この問いにはそれまで学んでいた哲学では答えをえることができなかった。

そんな時に知ったのがオーストリアの精神科医であるアルフレッド・アドラーの心理学だった。日本ではフロイトやユングの名前はよく知られているが、同時代に生きたアドラーの名前はあまり知られていなかった。アドラー自身は自分が創始した心理学を「個人心理学」と呼んだが、今日は、創始者の名前を付してアドラー心理学と呼ぶのが一般的である。この心理学は、私の理解では、既成の価値観を追認することなく、社会や文化の価値観を徹底的に疑う。価値あることとされることは決して最初から自明のものとして与えられているのではない。このように自明性を拒否し既成の価値観を疑い批判するのは、哲学の精神そのものである。それまで一度も心理学に興味をもたなかったのだが、このことを知り興味をもたないわけにはいかなかった。後にアドラー心理学の入門書を私が書くことになるとか（『アドラー心理学入門』）、精神科に勤務することになるとは夢にも思わなかった。

事実として幸福になれない、ということと、人は幸福を求める者である、と考えることには大きな意味の違いがある。幸福であることが一体どういうことなのか、幸福であることがはたして人生の目的となりうるのかどうかを考察していきたい。

目次

第1章　なぜ幸福になれないのか

もっとも長生きした人とは、
もっとも多くの歳月を生きた人ではなく、
もっともよく人生を体験した人だ。
（ルソー『エミール』）

苦悩や不幸について

人生は苦か？

人生苦もあれば楽もある、とよくいわれるが、本当にそうなのか。むしろ生きていくことは苦そのものであるかもしれない。池田晶子は、「「生きていればいいこともある」という言い方で、自分や他人を慰める仕方があるが、あれはおかしい。「生きていればいいこともある」とは、裏返し、「生きていればもっと悪いこともある」ということである。少しも慰めたことになっていない。このような考え方自体が、じつは「苦しみ」のもとになっていることを知るべきだろう」（池田晶子『考える日々』一三二ページ）といっている。私もそう思う。ただし何をもって苦というのかということになると必ずしも自明であるわけではない。また、ある出来事がただちに人に苦しみをもたらすわけではない。何かを経験すれば誰もが同じ出来事を苦と見なし、そのことを経験すればそのことがただちに誰にとっても不幸の原因になるとはいえないのではないか。

東京、京都、函館、名古屋で次々と人を殺し死刑になった永山則夫は獄中で本を出版した。永山は無知と貧困のゆえに罪を犯した、という。しかし、彼をよく知る友人はいった。「皆、貧しかった」と。永山と同じジャズ喫茶で働いていたというビートたけしはいっている。「一歩間違えば、おいらだってとてつもない凶悪犯罪を犯していても不思議はない。時代からして、そんな閉塞感がいっぱいだった」（ビートたけし『菊次郎とさき』三五ページ）。

苦悩のない人生はない

人生において経験する多くの出来事は苦しみであるかもしれないが、それをどのように解釈するかによってその出来事の意味は違ったものになる。

精神科医の神谷美恵子の著作を熱心に読んだ時期がある。神谷に関心をもったのは、ストア派の哲学者であるマルクス・アウレリウスの『自省録』の翻訳をしているからである。精神科医がギリシア語を読み、翻訳までするということに驚いた。神谷のことを初めて知った頃、私が参加していたギリシア語の読書会には医師や医学生がたくさん参加していた。医学の勉強のほかにギリシア語を勉強する時間を見出すというのは至難の業である。専門家である私よりも時間をかけて予習して参加しているのではないかと思った。神谷が医師として、そして母親としての多忙な生活の中で翻訳を完成させたのである。

神谷が生活のために語学教師をしながら生活を支えていた頃の話が伝えられている。「研究している主人にバイトさせる気は初めから私にはなかった。せめて主人だけでも学者として大成して欲しいという願いは一貫して続いている」（『遍歴』二六三ページ）

夫の成功を支える献身的な妻としての生き方を貫こうとするが、神谷も才能があったわけだから、はたしてこんなふうに割り切れたのかどうか、と思ってしまう。

結婚する前の日記にこんな記述がある。

「他人のためにこまごました用をして、それだけで満足していられる女らしい女の人たちがうらやましい。一つ一つの自分の性癖に、悲劇的なものを自覚する。例えば、ものを書きたい衝動に駆られては一家のだんらんをおろそかにし、烈しい知識欲の為には世間話の相手をしている時間をも惜しんでしまう。我がままはためねばならぬ。しかし使命はつらぬかねばならぬ。この二つのえり分けの難しさ不能さ」（『神谷美恵子日記』一九四五年九月二六日、六九～七〇ページ）

日記には結婚してからも普通の主婦になりきれない苦悩が切々と語られる。

転機が訪れた。子宮癌を患ったのである。放射線治療によって癌は完治するだろうが、なにしろ癌のことであるから本当に完治したかはわからない。余命幾ばくもないとすれば、やりたいことに専心するべきである、と神谷は決意した。子どもよりも夫よりも「使命」を優先順位の上に位置づけよう、と。神谷の中の「鬼」「デーモン」が騒いだ。

神谷の博士論文の骨子が「愛生園における精神医学的調査報告」として発表されている。その結びに次のような言葉がある（宮原安春『神谷美恵子　聖なる声』一八五ページ）。

「人間として生まれて、誰しも自分の欲求がそのまま満たされぬことが多い。（中略）しかし欲求不満ということは必ずしも精神にとってマイナスばかりを意味しない、むしろ人間の精神は苦しみに逢って初めてめざめ、ほんとうの自覚に到達する、と言われております。精神分析の言葉に昇華（サブリメイション）という言葉がありますが、これは充たされぬ欲求をさらに高い形におきかえてこれを満足させるということを意味しております」

ボーヴォワールとサルトルは、鳩に抗《あらが》う空気はその飛翔《ひしょう》を妨げるどころか鳩の飛翔を支えているというカントの鳩のイメージを信奉した、といっている（シモーヌ・ド・ボーヴォワール『女ざかり』一三ページ）。神谷はいう。

「悲しみをてこにして飛躍すること。悲しみや苦しみの中になずむな、それにきよめられ、きたえられ、優しくされよ」(宮原、前掲書、あとがき、二一〇ページ)

最近の研究によれば(太田雄三『喪失からの出発　神谷美恵子のこと』)、神谷は若い日に恋人(もっとも交際したわけでもなく、恋人同士として会ったこともない)を亡くした。恋人の死に痛手を受けた神谷は彼の影を何十年も引きずった。神谷はその経験によって「生きがい」を「喪失」したのだが、やがてこの経験をバネにハンセン病患者のためにつくした。恋人を失って生きがいを喪失するというのはよくわかる。しかし、太田が指摘するように、この経験をバネに『生きがいについて』といった著書や、ハンセン病患者のための実践を生み出した神谷のような例は少ないだろう(二二ページ)。

老年は不幸の原因ではない

プラトンの『国家』の中に次のような議論がある。

老人は酒を飲んだり、騒いだり、セックスをしたりというような若い頃の快楽が今はないことを嘆き、かつては幸福に生きていたが今は生きてさえいないかのように嘆き悲しむ。身内の者が老人を虐待するといってこぼす人もいる。そうしたことにかこつけて、老年自分たちにとってどれほど不幸の原因になっていることか、と訴える。

しかし、ケパロスという老人はソクラテスにいう。

「そういう人は、本当の原因でないものを原因だと考えているように思える」（三二九b）

もし老年が不幸の原因だとすると、自分も同じ経験をしているはずなのにそうではないというわけである。

では不幸の原因は何か。

「それは、ソクラテス、老年ではなくて、人間の性格なのだ。端正で自足することを知る人間でありさえすれば、老年もまたそれほど苦になるものではない。が、もしその逆であれば、そういう人間にとっては、ソクラテス、老年であろうが青春であろうが、いずれにしろ、人生はつらいものとなるのだ」（三二九d、藤澤令夫訳）

幸福になれるのか

このように苦しい（とされる）出来事やあり方、苦しみが、ただちに人を不幸にするわけではないのではないか。人間がもしもそのようなものによって今のあり方を決定されてしまうのであれば、幸福も不幸も選ぶことはできず、ただなす術《すべ》もなく目の前に起こる出来事に翻弄《ほんろう》されることになってしまう。

不幸を願う人はいない

ソクラテスのパラドクス（逆説）として、「誰一人として悪を欲する人はいない」（プラトン『メノン』七八b）といわれる。このことは逆にいえば、何人も善を欲しているということである。しかし、「悪を欲する人もいるではないか」と普通には考えることもできるため、パラドクスといわれるのである。

例えば、正義についていえば、正義を行っている人はそれを心ならずも行っているのであり、本心から正義の人ではないかもしれない。もしも誰にも知られることなく不正を行う機会が与えられれば、不正を犯すかもしれない、と考えられるからである。

リュディアの人、羊飼いのギュゲスの指輪の話がある（『国家』三五九d－三六〇b）。大雨が降り地震が起こり大地の一部が裂けてぽっかりと穴が開いた。ギュゲスはこの穴に入って行き、中に屍体《したい》らしきものを見つけた。それはほかには何も身に着けておらず、ただ指に黄金の指輪をはめていた。この指輪をギュゲスは抜き取って穴の外に出た。やがてこの指輪の玉受けを自分の方に手の内側に向けると自分の姿が消えるのに気がついた。外側に回すと再び姿が見えた。ギュゲスはこれを知ると仕えていた当時のリュディアの王の后《きさき》と通じた後、妃と共謀して王を襲い殺してしまった。そのようにして王権をわがものにした。この話を語るグラウコンは、この指輪をしていながらなお正義のうちにとどまって、あくまでも他の人のものに手をつけずにいるような鋼鉄のように志操堅固な者など一人もいないと思えるだろう、という。

このようなケースを考えた時、「誰一人悪を欲する人はいない」ということはあるまい、と考えることができる。

プラトンの『メノン』でソクラテスの対話の相手であるメノンは、悪を欲する人もいるという。しかも悪を悪と知りながら悪を欲する人がいるという。ソクラテスは、その際、悪が自分のものになることを欲するのは、当人のためになると考えてのことだろうか、それとも、当人の害になることを知って欲するのか、と問うと、ためになると考える人もあれば害になると知って悪を欲する人もあるだろう、とメノンは答える。

ソクラテス　いったい、その場合、悪しきものがためになると信じている人々は、その悪しきものが悪しきものであるということを知っていると思えるかね？

メノン　その点になるとどうも、そうは思えませんね。

ソクラテス　すると明らかに、その人たちは、悪しきものを欲しているのではないということになりはしないか。悪しきものであることを知らないのだからね。むしろ、彼らが善であると思って求めていたものが、実際には悪であったというだけのことではないか。したがって、それと知らずに善きものだと思っている人たちは、明らかに善きものを欲しているのだということになる。そうではないかね？

メノン　おそらくそうなのかもしれません、そういう人たちは（七七d－e、藤澤令夫訳）。

なおも納得しないメノンにソクラテスは、悪を欲するという人は自分が悪しきものから害を受けるであろうことを知っており、害を受ける人が害を受けている限りにおいて難儀をするということを確認する。

ソクラテス　難儀をする者というのは、不幸なのではないか？

メノン　そう思います、私は。

ソクラテス　では、難儀な目にあい、不幸になることをのぞむ者が誰かいるだろうか？

メノン　そんな人がいるとは思えません。

ソクラテス　してみると、そうなることをのぞむのでないかぎり、誰も悪しきものをのぞむ者はないことになるね。なぜなら、難儀な目にあうということは、悪を欲してそれを自分のものにすること以外の何であろう？

メノン　おそらく、あなたの言われるのがほんとうなのでしょう、ソクラテス。そして、悪しきものを欲する人は誰もいないのでしょう（七七e－七八b）。

この対話から、「善い」あるいは「善」という言葉は、「ためになる」という意味で、「悪い」あるいは「悪」は「害される」「難儀する」という意味で使われていて、さらにこの難儀するという言葉は「不幸になる」といい換えられているのがわかる。後に問題にするが、ソクラテスが死刑の判決を受けて獄に留《とど》まるのは、そのことをソクラテスが「善い」と思ったからである。ソクラテスがもしも脱獄することを「善い」と考えたら、ソクラテスは必要な手段を講じてさっさと脱獄していただろう、といわれる。

そこで、ギュゲスのような立場に置かれた人は不正を行うことが自分のためになる、つまり、不正こそ善であると考えているということである。このギュゲスの話が語られる対話篇の『国家』においても他の対話篇においても、正義と善は究極的には一致することが示されるのだが、意味をはっきりと区別して理解しなければならない。

このように考えると、「誰一人悪を欲する人はいない」ということの意味は、誰も自分のためにならないことを望んだりはしない、誰もが自分のためになること、善を欲しているという意味になる。さらに先のソクラテスとメノンとの対話からわかるように不幸になることは誰も望まず、幸福を求めているということができる。「すべての人は幸福であることを望む」（『エウテュデモス』二七八e）。そこで、このパラドクスは、単に事実を語っているだけであり、パラドクスとすらいえないことになる。

ところが「誰一人悪を欲する人はいない」すなわち「すべての人は幸福を欲する」という考え方は現代においても否定される。フランクルは『宿命を超えて、自己を超えて』の中でクロイツァーの「人間は幸福になるために生きるのですか」という問いに答えて、「私は、「人間はほんらい根本的に幸福を求めるものだ」という考え方に断固として反対します」と答えている（三三ページ）。幸福は目標ではなく、結果にすぎない。幸福は追求するものではない。幸福になろうとすれば失敗する、という（『それでも人生にイエスと言う』二五ページ）。

古くはカントはどうすれば幸福になれるかではなく、幸福であるに値するような道徳性をもつことを問題にした。幸福は価値の優先順位の筆頭ではないのである。幸福主義に異を唱える人は、幸福（善）に反してでも正義を求めるべきだ、あるいは、善悪よりも正義が上位であるという考えに立つ。幸福を切り捨てて正義だけで道徳を考えるのである。

　プラトンの立場は正義と幸福（善）は一致する、すなわち、正義が幸福の本質をなすと考えるという意味で正義と幸福の二元を統一する試みである、ということができる。プラトンの対話篇では正義は善である、と結論ずみのこととして論じられることがある。例えば、『クリトン』では、善く生きることが大切であるといわれたあと、その「善く」は「美しく」とか「正しく」というのと同じかどうかソクラテスは確認している（四八ｂ）。そして、アテナイ人の許しを得ないで、獄から出て行こうと試みることが、正しいか、それとも正しくないかという問いを立てている。しかし、この対話篇では結論ずみのこととして扱われているが、正義がはたして善なのかは必ずしも自明ではない。ギュゲスの指輪について見たように、不正こそ善であると考える見方もあるわけである。正義と善の一致は『国家』全体のテーマであった。

　幸福であることの根拠をいったんもてば、自《おの》ずと幸福感は生じてくる、とフランクルはいうが（『意味への意志』一八ページ）、そのような理由は意志するだけでは得られるものではないだろう。幸福そのものであれ、それが存在すれば自ずと幸福になれるような理由であれ、まずはその理由がどういうものか、幸福になるにはどうすればいいかということを知らなければならないだろう。

　プラトンの『ゴルギアス』（四六六ｄ－四六八ｅ）では、弁論術の大家であるゴルギアスの若い弟子ポロスがソクラテスの問答に翻弄されている。一国の独裁者は強大な力をもち、自分に善いと思われることを何でもしているように見えるけれども、本当に望んでいることを何一つしていない、とソクラテスはいう。

人が何かをするのは善いことのためである。人を斬り殺したり（今なら、ミサイルを撃ち込むということになるだろう）国家から追放したり、財産を没収するということを、益になるのならするけれども、害になるのなら望まないだろう。そういったことを独裁者は自分のために善いと思ってするのだが、本当は悪いことである場合も、自分の思うとおりのことはたしかにしているけれども望んでいることをしていることにはならないことになる。

善を願っていても、何が善であるのか、何が幸福かについては、人によって意見は一致せず、善＝幸福であるための手段の選択を誤るということである。善であると判断したことが実はそうではなかったということはむしろよくあることといっていい。善く生きたいと願っても、現に人は幸福ではないという事実があるからこそ、善く生きることを大切にしなければ「ならない」といわれているのである。プラトンは人が不幸であるとすれば、何が善であるかという知的な判断の誤りである、と考えているのである。

原因論と目的論

プラトンの目的論

先に見たように、ソクラテスは弟子たちの脱獄の勧めを断った。ソクラテスは脱獄しないで「なぜ」獄に留まっているのかを説明する。その際、若い時に自然学に関心があったが、自然学は獄に留まる「原因」を、自分が満足できる仕方では説明することができない、という。

ソクラテスは、アナクサゴラスが宇宙秩序（コスモス）を作る働きとしての「知性」（ノオス、ヌゥス）を事物の生成を説明する原理として導入していたので、アナクサゴラスに期待していた。

「もしこれがほんとうなら、いやしくも秩序を与えるのが知性である以上、知性はあらゆるものを、全体としても個々のものとしても、まさにこうあるのが最善という仕方で秩序づけ、ところをあたえるだろう」（『パイドン』九七c、藤澤令夫訳）

このように事象の原因として、最善以外のものを適用するとは考えられなかった。ソクラテスは期待をもってアナクサゴラスの書物を手にしたが、その中には「知性」はまったく使われておらず、もろもろの事物に秩序を与える何らかの原因も、知性に帰してはおらず（九八b－c）、空気とか、アイテールとか、水とか、その他いろいろとたくさんの妙なものが、原因とされていた。この「アナクサゴラスのやり口」（九八c）は、今自分がこうして留まっていることの「原因」を次のように説明するだろう、という。

「ぼくがいまここに坐っているのはいかなる原因によるのかと言えば、ぼくのからだがいろいろの骨と腱から形づくられていて、骨は固くて関節により各部分に分かたれ、腱は伸縮できて肉や皮膚とともに骨のまわりを包み、これら全部は皮膚によって保持されている。そこで、骨の各部分は相互の接合部を抛りどころにして自由に揺れ動かされる状態にあるから、腱の伸縮によってぼくがいま足を折り曲げることが可能になり、まさにこの原因によって、ぼくはここでこうして足を折り曲げて坐っている」（『パイドン』九八c－d）

しかし、自分がここに留まっていることをこのように身体の条件に即して説明することにソクラテスは満足しない。ソクラテスは、次のようにいう。ここに留まって刑に服することを「善し」と考え、正義と考えなかったら、こんな骨や腱《けん》などは最善を求める考えに運ばれて、とっくの昔にメガラなりボイオチアなりに行っていたことであろう、と。自然学的説明は先の考察から明らかになったように、善を説明の中にも ち出すとは考えられない。

実際、ソクラテスは、自分が捕われの身になっていることの「原因」を次のように説明する。

「アテナイ人たちがぼくに有罪判決を下すほうが善いと思い、それゆえ、ぼくはぼくでまた、ここに坐っているほうが善いと思い、留まって彼らの命じる刑には何でも服するのが、より正義であると思った」(九八e)

ソクラテスは、これを「真の意味の原因」(九八e)と呼ぶ。ここでいわれる「善い」という言葉の意味は既に見たとおりである。ソクラテスはここに座って刑に服することが善、つまり、「ためになる」と考えたわけである。

ソクラテスが脱獄することなく死刑の執行を待っていることの「原因」は、身体的な条件に即して説明することはできない。たしかに自然学者のいうような身体的条件が備わっているのでなければ、獄に留まることはできないかもしれない。しかし、これはあくまでも「副原因」(synaition, sine qua non)、「それなしには」原因も原因として働くことのでき「ない」、必要条件であっても、「真の原因」ではない。「真の原因」は、「善」、すなわち、ここに留まっていることをソクラテスが「善し」と判断することであり、逆にソクラテスが脱獄することを「善し」と考えたら、たとえ条件が同じであっても、ただちに立ち去っていたであろう、と考えるのである。

アリストテレスの目的論

以上のことをアリストテレスに即していうと、次のようになる。プラトンは、「真の原因」と「副原因」を考えただけだが、アリストテレスは四つの原因を考える（『自然学』B巻三章一九四b二三以下）。彫刻を例に考えてみる。

まず、青銅、大理石、粘土がなければ彫像は存在することはできない。この場合、青銅、大理石、粘土などは彫像の「質料因」（何からできているか）である。次に、「形相因」（何であるか）がある。彫刻が何を表しているかということである。彫刻家は像を刻む時に、何を作ろうとしているかというイメージをもっているだろう。原因の三つ目は「起動因」（動がそこから始まる始原）である。父親は子どもの起動因であるように、彫刻家が彫刻の起動因である。

さらにアリストテレスは、これらの原因のほかに「目的因」（何のために成立したか）を考える。彫刻の素材になるものは自然界にたくさんあるだろうし、作ろうとするもののアイディアをもった彫刻家はいるだろう。しかし、もしも、そもそもその彫刻家が彫刻を作るということを望まなければ、彫刻は存在しない。何らかの目的のために、例えば、自分の楽しみのために、あるいは、売るために、彫刻を作ろうとするのである。この目的は「善」といい換えられている。

先に見たソクラテスが獄に留まる「真の原因」は、このアリストテレスのいう「目的因」に相当する。ソクラテスの例に即していえば、肉体のあり方がソクラテスを獄に留めているのではない。「真の原因」は、「善」すなわち、ここに留まっているのを「善い」と思うことであり、そのことがソクラテスの行動の「目的」になっているのである。

アドラーの目的論

アドラーは、「なぜ」（why）という問いは、心理学者でも答えるのはむずかしい、という。「なぜ」という言葉に含意されているものがはっきりしないのである。子どもに「あなたは〈なぜ〉そんなことするの？」とたずねてみても満足のいく答えは返ってこない。怠惰である子どもに、なぜあなたはそんなに怠惰なのか、とたずねても、嘘をつく子どもに、なぜ嘘をつくのか、とたずねても、子どもがその問いに答えることは期待できない、そもそものような問いは「心理学者にとってすら困難な質問」

である、といっている（『子どもの教育』二四ページ）。アドラーも行動について「なぜ」を問う時「原因」（cause）という言葉を使う。しかし、この言葉を使う時、それは「厳密な物理学、科学的な意味での因果律」ではない、と注意している（三三ページ）。何かが「原因」となって問題とされる行動が必ず起こるわけではない。アドラーは、「なぜ」という問いによって、行動の「目的」を答えとして期待している。「どこから」（whence）ではなく「どこへ」（whither）を問うのである。

アドラーがいう「原因」（実は「目的」）はプラトンのいう「真の意味での原因」、アリストテレスのいう「目的因」に相当する。

例えば、甘やかされた子どもがいるとする。その子どもが甘やかされているとすれば、そのことの原因は母親である、ということはできない。たしかに母親はアリストテレスのいう「起動因」である。甘やかした母親がいなければ、母親に甘やかされた子どもはいない。

しかし、それでは、そのような母親に育てられた子どもが必ず甘やかされた子どもになるかといえばそうはいえない。子どもが甘やかされた子どもになるためには、プラトンのいい方に従えば、そのことを子どもが「善し」と判断しなければならない。アドラーであれば、甘やかされた子どもになる目的は、各人の「創造力」（creative power『個人心理学講義』九ページ）によって創り出されるのであり、そのような選択や行動に先行する出来事や、外的な事象は「副原因」であっても「真の意味での原因」ではないわけである。

このように人が「善」を目指し、それを目的にしているという観点から行動や症状などを捉《とら》える理解の仕方を「目的論」という。私が、アドラー心理学を学んでもっとも強い印象を受けたのは、目的論を採用し、しかもそれを教育や臨床の場面で実践的に応用している点だった。プラトンのいう「副原因」、アリストテレスのいう目的因以外の原因である質料因、形相因、起動因をアドラーが扱わなかったというわけではないが、主たる原因として目的を考えたのであり、他の原因は目的に従属している、と考えられた（Shulman, Bernard. *Essays in Schizophrenia*, p.ix）。例えば、脳や臓器の生理生化学的な状態や変化は心身症の質料因であるが、目的論の立場では、これがただちに症状を引き起こす（cause）というわけではない、と考えるのである。

アドラーの『個人心理学講義』にこんな話がある（九七〜九八ページ）。ギリシアの詩人、シモニデスが小アジアへ講義に招かれた。しかしシモニデスは、船が彼を待って停泊しているのに行くのをためらい、ずっと出発を延期していた。友人たちが説得したが無駄だった。ある日、夢を見た。かつて森の中で会った死者が現れてこう語ったのである。「あなたは非常に敬虔《けいけん》で、私を手厚く葬ってくださったので、今度は私があなたに小アジアへは行かないように忠告申しあげます」。シモニデスは目を覚まし「行かない」といった。

アドラーが注意しているように、実はシモニデスはこの夢を見たから行かないでおこうと決めたわけではない。実際には夢を見る前から行かないでおこうと決めていたのである。シモニデス自身は夢を理解していなかったが、「既に到達していた結論を支持するために、ある種の感情を、あるいは、情動を創り出したにすぎない」（九七ページ）。夢を見ても目覚めた時にストーリーを忘れることがある。そんな時は、ストーリーは重要ではなくて、シモニデスのケースであれば、ただ「行かない」という決心をするために必要な感情を創り出せればそれで十分だったのである。

このケースでは死者が出てくる。なぜすべての経験の中から死者の経験を取り上げたのか。アドラーはこのように説明する。「船に乗って航海することを思って恐れていたので、死の観念にとらわれていたからであるのは明らかである。当時は、航海は実際に危険なものだったのでためらったのである。死者の夢は、おそらく船酔いを恐れていただけでなく、船が沈むのではないかと恐れていたことを表している。このように死の観念に心を奪われていた結果、彼の夢は死者のエピソードを選んだのである」（九八ページ）。

このように夢がシモニデスに行かないという決心を促したように見えるけれども、

実は行かないという目的が先行したわけである。

自由意志を救う

目的論に対して他の原因で行動などを説明することを「原因論」と呼ぶ。目的は、各人の「創造力」によって創り出される、とアドラーが考えていることを先に指摘したが、人間の行為は原因によってすべて説明し尽くされるわけではなく、人の意志は必ず原因をいわばすり抜けてしまう。創造力、あるいはより一般的には、自由意志で行為を選択したように見えても、そのような行為も本当の原因が知り尽くされていないだけで、すべては必然の中に解消させられる、と考えるにはあまりに自由意志は自明でヴィヴィッドであるように見える。

エピクロスというプラトン、アリストテレスの時代から半世紀以上後の哲学者がいる。彼は原子論者ではあるが、自由意志を救うために、本来原子は虚空間の中を必然的な法則に従って直線運動をするのだが、時にわずかに進路から逸脱することがある、と考えた。

今日エピクロスの書いたものは若干の書簡を除けば大半が失われているが、ルクレティウスという詩人の残した『事物の本性について』という著作の中に、エピクロスの思想が伝えられており、その中に次のような言葉を見出すことができる。
「もしすべての運動がいつもつながっていて、古い運動から新しい運動が一定の秩序で生じるとするならば、もしまた原子がその進路から逸れることによって、宿命の掟を破る新しい運動を始めるということがなくて原因が原因に限りなく続いていくとするならば、地上の生物のもっている自由な意志というものはどこから現われ、いかにしてこの自由意志は宿命の手から解放されたというのか」(ルクレティウス『事物の本性について』第二巻、二五一〜二五七行、藤澤令夫訳)

エピクロスは逸脱という概念を導入することによって、本来的な必然の動きの中に例外を認めたのだが、もともとは必然しかありえない中、自由意志を救うために逸脱という現象を認めてみても、体系としての一貫性を考えるならば破綻《はたん》としかいいようがない。

原因論の立場をとる限り、意志の自由の存在余地はない。逸脱の概念はいわば取ってつけたものであるという感は否めない。

神経症について

神経症の論理

神経症のことで相談を受けることは多い。そんな時「この症状が出るようになってからできなくなったことはありますか」、あるいは「この症状が治ったら何をしたいですか」と質問する（アドラー『人はなぜ神経症になるのか』八一ページ）。

赤面症の女性がこの問いに対して「男の人とおつきあいしたい」と答えたとする。この答えから、男の人とおつきあいするというのがその人にとっての課題であって、その課題を解決できないと考えていることがわかる。

ではなぜ神経症になるのか。子どもたちは月曜の朝、おなかが痛くなったり、頭が痛くなる。前日、あんなに元気だったのに、と大人は思う。しかし決して仮病ではない。本当におなかや頭は痛くなる。そのような症状を訴える子どもを学校に無理に行かせるわけにはいかない。子どもたちも思う。本当は今日は学校に行きたかったんだ、なのにおなかが痛くて行けなくて残念だ、と。

赤面症についていえば、赤面症があるので男の人とおつきあいできないというのではない。赤面症という症状があれば、私は赤面症があるから男の人の前で緊張してしまう。本当は大きな声ではきはきと話したいのに、この症状があるから上手に話せない。男の人もこんな私のことを好きになってくれない。こんなふうに考えることができる。

しかし、赤面症は男の人とおつきあいする時の妨げになるのだろうか。赤面症があるので男の人とおつきあいできないというのは本当とは思えない。中には物怖《ものお》じしないでしっかり応答する女性よりも、恥ずかしそうにはにかむ人に惹《ひ》かれる男性がいるかもしれないからである。

本当は対人関係が上手ではないということが根本にあるのである。おそらくはその人の近くの人、例えば、姉や妹が対人関係が上手で友人（しかも異性の友人）がたくさんいるというようなことが容易に想像できる。そのような姉や妹に勝てないと思って競争から降りたいと思う。競争から降りるためには理由がいる。それが赤面症という症状なのである。この症状がなければ、私だって男の人とおつきあいしようと思えばできるのにできなくて残念だ、と思うことができる。

自分への家族の注目を引きつけるという目的があることもある。たとえ自分よりも優秀なきょうだいがいても、神経症の子どもに親は注目しないわけにはいかない。不安神経症を訴える子どもを親は昼間放っておくことができず、仕事を続けられなくなるかもしれない。夜に不安を訴えればその子どもを親は放っておくわけにはいかない。かくて昼間も夜も親を自分の奉仕者にすることに成功することになる。

劣等コミュニケーションとしての神経症の論理

アドラーは仕事の課題、交友の課題、愛の課題という人生には避けては通ることができない課題がある、という。これらの課題を解決する能力がないと考える人は、なんとか理由を考えて、人生の課題から逃れようとする。

アドラーが「劣等コンプレックス」という言葉を使う時、次のような意味として使っている。すなわち、「Aであるから（あるいは、Aでないから）、Bできない」という論理を日常のコミュニケーションの中で多用するという意味である。このAとして他の人がしかたがないと納得しないわけにはいかない理由をもち出す。

私の友人がある時しばらく会社を休職していた。自宅で養生することで次第に元気を取り戻してきたある日、会社の同僚の訪問を受けた。

「元気そうじゃないか？　どこが病気なんだい」

その日を境に彼は胸の痛みと共に不安を訴えるようになった。

「こんなのは初めてなんです」

おそらくはまわりの人も、不安だという彼を放っておくことはできない。このような場合、本人は、こんなに不安だから仕事に復帰できない、と考える。まわりの人は、不安を訴えている人を働かすわけにはいかない、と考えるだろう。不安だから仕事に行けないのではない。仕事に行かないという目的を達成するために、不安という感情を創り出すと考えた方が、この場合もよくわかる。

休む時は本当は理由はいらないといっていいくらいである。しかし真面目な人であれば、理由もなしに休むことはできないと思う。不安であるといえばまわりの人はやむをえないと思うだろう。自分でも、本当は仕事に行きたいのに、こんな不安であれば仕事に行くことはできない、と納得することができる。

このように劣等コンプレックスとは、心の中で起こっている現象ではなく、対人関係の中でのコミュニケーションのパターンであり、人生の課題を回避するための口実をもち出すことである。このような場合、他の人のみならず、自分をも欺いているのであり、アドラーはこのような口実を「人生の嘘」という厳しい言葉で表現している(『個人心理学講義』四一ページ)。

神経症はこの劣等コンプレックスにおいて使われる。人生の課題を前に直面しようとしなかったり、「ためらいの態度」を取って立ち止まる。「はい〜します、でも」(yes...but) といって、結局課題に取り組まない（三八〜三九ページ）。

人生の課題に挑戦する時、失敗すること、敗北することを恐れる人は、課題から退却しようとする。何をする時にも必ず成功しなければならない、と考え、成功するという保証がある時だけ挑戦する。しかし失敗が少しでも予想され、成功することが確信できなければ最初から挑戦しようとしない。もしくは失敗してもそのことによって致命的な打撃を受けることがないように、いわば綱渡りをする人が転落することを予想してあらかじめ下に網を張っておくようなことをする（『子どもの教育』六八ページ）。症状はこのような目的のために創り出される。

人生の課題を前にして敗北を恐れる人は、課題に挑戦することを回避するために時に神経症になって、「足踏みしたい（時間を止めたい）」と思う、とアドラーはいう（『人はなぜ神経症になるのか』一二ページ）。

入学してすぐに遅刻をくり返していたある少女について次のようにいっている。アドラーは、人は新しい状況に入る時その人のライフスタイルを明らかに示すというが、このことはとりわけ学校に入る時にそうである。それまでどれほど注目の中心に立っていようと、もはやちやほやされることはなくなるからである。この少女は一人で課題の解決に取り組むことなく他の人が課題の肩代わりをしてきたので、困難に直面する準備ができておらず、恐れを抱き逃げ出そうとした。

「実際にも見かけの上でも敗北から逃れるため、勇気をくじかれた人がしばしば取る手段を彼女も取りました。すなわち、どんなことであれ、していることをやりとげないということです。そうすれば、最終的な判断を免れることができたのです。そこでできるだけ時間を無駄に過ごしました。このような人にとって時間は最大の敵です。社会状況のもとでは、時間はたえず『私をどう使うの』と問いかけているかのように感じられ、そのような人はそれによって苦しめられるからです。それゆえ、愚かなことをして『暇をつぶす』奇妙な努力をします。この少女はいつも遅刻してきました。そして、あらゆる行動を延期しました。たとえ非難されても人と敵対するということはしませんでした」(『人はなぜ神経症になるのか』一一一〜一一二ページ)

これとの連関でいうと、悩むのも同じである。悩んでいる限り、決めなくてもいいから悩むのである。悩むことで課題に直面することを延期しているわけである。悩むのをやめた時、すぐに決断しなければならない。

見かけの因果律

主人の側について歩くことを訓練された犬がある日、車にはねられた。この犬は幸い一命をとりとめた。その後主人との散歩を再開したが、事故にあった「この場所」が怖い、と、その場所に行くと足がすくみ、一歩も前に進めなくなった。そしてその場所には近づかないようになった（Adler, *Der Sinn des Lebens*, S.29）。

「事故に遭ったのは、場所のせいであって、自分の不注意、経験のなさではない」と結論づけた犬は、この考えに固執し危険はこの場所で「いつも」この犬を脅かした。アドラーが比喩《ひゆ》で語るこのケースは、PTSD（心的外傷後ストレス障害）のケースであると見ることができるだろう。神経症の人もこの犬と同じである、とアドラーはいう。面目を失いたくはないがために、ある出来事を自分が人生の課題に直面できないことの理由にするのである。

例えば、遺伝をもち出して自分には才能がないというようなことをいう。また今の自分がこのようであるのは親の育て方に問題があったからだというようなことをいう。ある殺人事件の容疑者は調べに対し、「自分はすぐにカッとする性格。話しているうちに、イライラすることをいわれて殺した」と話した。無知と貧困を殺人の原因と見た永山則夫については既に見た。アドラーは「劣等コンプレックスを告白したまさにその瞬間に、生活における困難や状況の原因となっている他の事情をほのめかす。親か家族のこと、十分教育を受けていないこと、あるいは、何らかの事故、妨害、抑圧などについて語るかもしれない」といっている（『個人心理学講義』一三五～一三六ページ)。「原因」はいくらでも出してくることができる。

アドラーは、このように今の出来事あるいは状態を、あることを原因として説明することを「見かけの因果律」(semblance of causality, scheinbare Kausalität) と呼んでいる (*Der Sinn des Lebens*, S.23)。「見かけ」というのは、実際には因果関係はないからである。本来は因果関係のないところに因果関係があるかのように見せるという意味である。

このような「原因論」がなぜ本来因果関係がないところに因果関係があると考えるかといえば、そうすることの「目的」があるからにほかならない。その目的は端的にいえば、自分の行動の責任を他のものに転嫁することである。遺伝や親の育て方や、環境、さらには性格を今自分がこんなふうになっているということの原因に見せかけるわけである。そのようにすればあることを原因として今の症状を説明することができる。

何か大きな自然災害、あるいは事件があるとトラウマ(心的外傷)やPTSDという言葉が使われる。そのような災害、事故、事件に遭遇することで「心が傷つけられる」ために起こる、と考えられている。人はトラウマを受け、そのために、強い抑うつ、不安、不眠、悪夢、恐怖、無力感、戦慄《せんりつ》などの症状が生じるというわけである。

何かしらの影響を受けないということはないかもしれない。しかし、ある出来事によって人が誰もが同じ影響を受けると考えることは、先にも見たように、人が外界からの刺激に反応するものにすぎない、と考えることである。しかし、人はこのような意味での反応者（reactor）ではなく、行為者（actor）である（Dinkmeyer, Don C. et al, *Adlerian Counseling and Psychotherapy*, p.18）。ジッハーは「行動に問題があっても、刺激に反応している（react）のではなく、自分自身、進化における役割、社会における位置についての考えに応じて行動している（act）」といっている（Sicher, *The Collected Works of Lydia Sicher*, p.42）。同じ経験をしても、そのことで傷ついたと思う人もいればそうでない人もいる。アドラーは、トラウマは必ずしもトラウマである必要はなく、いかなる経験もそれ自身では、成功の、あるいは、失敗の原因ではない、人は経験によって決定されるのではなく、経験に与えた意味によって自分を決めている、と考えている（*What Life Could Mean to You*, p.24）。

トラウマによる不安を訴える人がもともと困難を回避する傾向があるということはありうる。働きたくないと常々思っていた人であれば、職場に行かないでいることを正当化する理由ができたと思うかもしれない。最初は事故にあった場所や事件に巻き込まれた場所に行った時、不安になったり心臓の鼓動が速くなったり頭痛がするという症状が出ただけだったのに、やがてその場所の近くを通りかかるだけでも症状が出るようになり、そうなると外へ一歩も出られなくなるのはすぐのことである。

もしもある経験によって人が必ず同じようになるのであれば、今とは違うあり方へと導くことを意味するはずの教育、育児、治療はそもそも不可能であるといわなければならない。

大阪の小学校で起きた児童教師殺傷事件の後、ある精神科医が次のようなことをテレビでのインタビューに答えて話していた。今回の事件にかかわった子どもたちは、今は何もなくても、人生のいつかの段階で必ず問題が起きる、と。

子どもたちはやがて成人し結婚する。その時、うまく結婚生活が続けられないとあの時に傷ついたからだ、と思うかもしれない。しかし、実際にはパートナーとの対人関係の築き方に改善の余地があるということにすぎない。そのことを認めたくないがゆえに、過去の出来事をもち出してくる。その時に傷つけられたと思えば、その出来事がトラウマになるのである。傷つけられた、と思うことには目的がある。現状がうまくいってないことの責任を自分に求めず、他の何かに転嫁したり、自分を傷つけた人を断罪し、そのことによって自分の正当性を確認するという目的である。いずれの場合も、問題の解決に向けては一歩も前進しない。事件に遭遇した子どもたちが、トラウマに脅かされることなく強く生きていくことを願う。

第2章　幸福な対人関係を築く

命令する相手も服従する相手もなしに、
それだけで何かでいられるような人間だけが、
本当に仕合わせな偉大な人間なのだ。
（ゲーテ『ゲッツ・フォン・ベルリヒンゲン』）

私を超える

対人関係の中へ

カウンセリングのテーマはそのほとんどが対人関係にまつわるものである。アドラーは「人間の悩みはすべて対人関係の悩みである」といっている（『個人心理学講義』一六ページ）。人は一人で生きているのでなく、他の人の間で生きている。一人では「人間」になることはできない。「個人はただ社会的な（対人関係的な）文脈においてだけ個人となる」（一二三ページ）。

幸福について考える時、他の人の存在を問題にしないわけにはいかない。

他者とのつながり

空間的にいえば、今この原稿を書いているこの部屋が孤立して宇宙の中に存在しているわけではない。この部屋はマンションの一室にあり、そしてマンションは別の建物との関係の中にある。このつながりはどこまでも続く。時間的な局面でも同じことをいうことができる。

他の人との関係も考えなければならない。

「生命（ライフ）は他人との共同で維持されるものであって、他人との関係を離れて生活（ライフ）というものはなりたたない」（鷲田清一『死なないでいる理由』九一ページ）

先に見たようにアドラーは目的論の立場に立つが、その目的は対人関係的な目的であると考えている。神経症も他の人との関係を離れて起きるのではない。「相手役」からの注目を引くということが神経症の一つの目的であり、他者から切り離さず他者との関係の中で神経症を見ていくことで見えてくることがある。

他の人の存在をどう考えたらいいか。

他者問題――〝私〟を超える

はたして私と同じような他者がこの世界に存在するのか。この問題が長く私をとらえて離さなかった。他者は私の世界の中にだけ存在し、いわば私の影のような存在にしかすぎないのではないか。ずっとそんなふうに考えていた。

しかし、その後、私の前には私の行く手を阻止する人が現れてきた。私の世界は私だけで完結しているのではなく、私の世界の中へ私の意志とは独立に他者が介入してくると思わないわけにいかなくなった。

他方、同時にそのようないわば私の中に否定的に介入するということでなく、むしろ他者との関係で自分を見出していくという側面もある。

鷲田《わしだ》清一《きよかず》は次のように書いている。

「だれかに触れられていること、だれかに見つめられていること、だれかからことばを向けられていること、これらのまぎれもなく現実的なものの体験のなかで、その他者のはたらきかけの対象として自己を感受するなかではじめて、言いかえると「他者の他者」としてじぶんを体験するなかではじめて、その存在をあたえられるような次元というものが、〈わたし〉にはある」(『「聴く」ことの力』一二九〜一三〇ページ)

私は私だけでは私にはなりえず、私は私の固有性を他者によって与えられる。私は他者によって見出されるのである。

私と他者との距離

身体はこの皮膚の表面で限られているというふうには単純に考えられない。私の身体は皮膚の表面で限られた境界を超えて広がっていく。

靴を履いている時、靴の底の内側を足の裏で感じることにはならない。医師がゾンデで見えないお腹を探る時、医師の身体はゾンデの先まで広がる（市川浩『精神としての身体』四四ページ）。友人の鍼灸師《しんきゅうし》は、鍼《はり》を打つと、身体の中に入った鍼は見えるはずはないのに鍼の先の光景が見える、という。この時、鍼は身体化された二次的な指先になる（七八ページ）。車を運転する人の身体は車の大きさまで広がり、車幅はドライバーの身体空間のうちに内面化される（七八〜七九ページ）。

満員電車の中では通常では考えられないくらいの距離に人が接近するが、窓の外の景色を見たり、本や新聞を一心に読むなどして、あなたとはこんなに近くにいるが、個人的には何の関心もないということを示さなければならない。音楽を聴くことで近接した他者との距離を無視しようとしたり、利用制限の勧告を無視して、遠く離れている他者と携帯メールでコミュニケーションを取ることでタイムワープ（時空間移動）を体験し、車内の雑踏から解放された自分だけの空間を作り上げる人もいる（河合薫「満員電車とメール女」『プレジデント』二〇〇三年九月一日号、一二六ページ）。

反対に席がいくらでも空いていてほとんど乗客もいないのに、隣に人がすわると強い圧迫感がある。市川はこんな例をあげている。公園の芝生にすわっているとか、べンチに腰掛けているというような場合に、すぐ隣に密接して人がすわると、非常に強い圧迫感を受ける。「主体としての身体は絶えずその限界が広がったり、縮まったりする」（四五ページ）。このように他者との関係で生まれてくる間主体的、あるいは、間社会的な身体があるわけである。

この社会的身体空間が地域的に固定されると「なわばり」になる（八〇ページ）。犬は、垣根に隔たれていて相手が決してこちらのなわばりに入ってこないことを知っている時にだけ激しく吠え、互いを威嚇しあう（コンラート・ローレンツ『人イヌにあう』一四七ページ）。互いに相手のダイニングでも図書館でもいいのだが生活の場面でもいつも自分がすわっている席に他の人がすわっていると不快に感じることがある。普通は何とはなしの落ち着きがない程度で終わるが、病的なケースもある。レインがいう「内破」（implosion）である。「ほんの微熱が出ただけで世界は迫害的な侵害的様相を帯び始める」（R・D・レイン『ひき裂かれた自己』五七〜五八ページ）。

人格の発生

ふと他人の視線を感じる。思い切って視線を感じる方を見る。そうしたら人ではなくてマネキンだった。マネキンなら何も恥ずかしいと思う必要はなかったのである。

何が違うのか。恥ずかしいと思うのは、他者の中に自分と同じ主観性を見るからである。他者は外の世界を映しているだけの鏡ではなく、映ったものを受け止め、解釈し、感じ、考える存在である。そのような他者に自分が見つめられていたと思うからこそ恥ずかしいと思うのである。

波多野精一《はたのせいいち》が「人格」の成立について次のように説明している。窓に寄りかかって今道行く人の姿を眺めているとする。その時目に映る人は「人」とは呼ばれているけれども、厳密にいえば「人」ではなくて「もの」である。

「さてそれらのうちのあるひとりが立ち止まり向き直ったとしよう。純然たる「路傍の人」として単に眺められていた間は、彼とてもまだ人格ではなかった。しかるに彼は口を開いた。彼はわが友であった。談話はかわされる。彼の姿はもはや単に眺められる客体ではなくなった。それは今や、互いに語り合うところの、互いに実践的関係に立つところの、行為するところの、主体の表現である。「人格」が成立したのである」（『宗教哲学』一三九〜一四〇ページ）

言動の向けられる相手役

人はこのような他者との関係を離れて生きているわけではないので、ある人に起こっていることを理解するためには、その人がまわりの人に対してどんな態度を取っているかを調べなければならない。人の言動は誰もいない、いわば真空の中で行われるのではなく、その言動が向けられる「相手役」がいる。神経症の場合も個人の心の中で起こっている症状というよりも、「相手役」がいる（『人はなぜ神経症になるのか』九〇ページ）。

このように人は他の人との関係から切り離された孤立した個人として生きているのではなく、対人関係の中で生きているわけだから、対人関係がうまくいっていれば問題はないが、行き詰まるとたちまち人の幸福、不幸に影響が及ぼされることになる。かかわる相手は理想的に従順であるはずもなく、多くの場合、人の行く手をさえぎる存在になる。

支配したがる人について

私は他の人の期待を満たすために生きているわけではない

自分が自分のために自分の人生を生きていないとすれば、誰が自分のために生きてくれるのだろう、というユダヤ教の教えがある。自分が人生の主人公である。自分は自分の人生の主人公である。だから、今本当にしたいことばかりをしているかと問われたらためらわず「はい」と答えたい。「自分の好きなことをしていていいのか」と問われたら（一体、誰がそんなことを問うのだろう）「いいのかどうかわからないけれど、私の人生だから」と答えるだろう。私は他の人の期待を満たすために生きているわけではないのだから。したがって、他の人が不当に自分の人生に干渉してきたとしても、そのような働きかけを拒むことはできる。

しかしそのような生き方を選ぶのであれば、自分がしたいことをしていても、あるいは、していればなおさら他の人がそのことを認めないということはあるだろう。

紀田順一郎《きだじゅんいちろう》によれば（http://www.kibicity.ne.jp/~j-kida/image/2002/020401/）、『大漢和辞典』を著した諸橋轍次《もろはしてつじ》は、生来虚弱にもかかわらず、白寿までの長命を保ったが、ある時、「あなたはなぜ長生きしたのですか」と問われ、言下に「義理を欠いたからです」と答えたという。

これに対して、緒方洪庵《おがたこうあん》は、生涯のもっとも大事な時、後進の教育にもこれからという時に、将軍家の主治医を命じられた。「老後多病の身」として再三固辞したにもかかわらず、やむをえず受諾したが、心労のせいかその後一年も経たないうちに五四歳で病死したという。

紀田はこの二人をあげて、「家族の幸福を犠牲にしてまで、義理は果たさない。そう当たり前のことをいい切れる人が出るまでに、日本では長い、長い時間がかかったものです」という。しかし、まだまだそういい切れる人は少数派であろう。

宮台真司《みやだいしんじ》は「いつでもやめられるというポジションを確保していることが、日本では重要である」といっているが（『サイファ覚醒せよ！』九三ページ）、このことは日本的組織の中では容易なことではない。

このようなポジションを確保していれば、宮台がいうように、嫌なことは嫌だ、と拒絶し、「自由」を確保することができる。宮台は大学に就職した時、ただちに茶髪にした。そうすることでその大学に属してはいてもその大学の文化には属さないというシンボルを立てたかった、といっている。シンボルを立てる必要があるかはともかく、文化に属さないという宮台の決心は共感できる。

池田晶子は、哲学を勉強した人は「世の中」に就職している、とし（『2001年哲学の旅』二六六ページ）、ヴィットゲンシュタインの「哲学者はいかなる観念共同体の一員でもない」という言葉を引いている（三七ページ）。自分はどこの国の人間だというつもりか、とたずねられた時、ソクラテスは《世界人》だといったという話をキケロが伝えている（キケロ『トゥスクルム荘対談集』第五巻三七、一〇八ページ）。自分は全世界の住民であり市民であるとソクラテスは考えていたのである。

このように、他人の思わくを気にしたり、義理を優先したり、人の顔色をうかがったりすると、判断を誤ったり、事に着手する時期を逸したり遅らせてしまうことになる。あるいは、本当に自分にとって大切なことをあと回しにすることになってしまう。たしかに人の意見を聞くことは大切である。人に助言を求めずに何かをして失敗することはある。それでも、失敗すれば再度挑戦すればいいのであって、まずは自分の判断で動いていい。そうすることで人は自由に生きることができるのであり、逆に、たえず人の顔色を見たり、人の思わくを気にするのは不自由な生き方であるといわなければならない。

他の人は私の期待を満たすために生きているわけではない

他方、他の人は私の期待を満たすために生きているわけではない。電車の中で立っていても誰も席を譲ってくれないからと不平をいうことはできない。若い人でも電車の中で気分が悪くなることはあるだろう。そんな時には、すわらせてもらえるように頼めばいいので、何もいわないで誰も助けてくれない、と不平不満をいうのはおかしい。お願いしてもそれを引き受けてもらえるかどうかはわからないが、たとえ断られたとしても、他の人は私の期待を満たすために生きているわけではないということを知らなければならない。

自分は他の人の期待を満たすために生きているわけではない、と主張するのであれば、他の人も同じことを主張することを認めるのでなければならない。自分だったらこうするだろうと思って他人を見ていて、その人が自分の期待しているように動いてくれなければ腹が立つ、といった人がある。「あの人が入院した時、私はあの人の見舞いに行ったのだ。なのに私が入院した時に見舞いにきてくれなかった」。自分が入院している時に「この間、私が入院していた時に見舞いにきてくれたから、今日はそのお返しに見舞いにきたのだ」といわれてうれしいだろうか。

「その人は手ぶらできたんだ、でも私は見舞いの品をもっていった」。取るものも取りあえず心配で駆けつけた、といわれた方がうれしくはないだろうか。

「ではどうしたらいいんだ？」

「（相手に）こうしてほしいということを伝えるしかないのでは」

「いわなくてもわかるべきだ」

「それは無理というものだ」

「あの人はいつも私の期待を裏切ります」という人は、他の人が自分の期待を満たしてくれないことを不満に感じたり、怒ることになる。そのような人は他の人は私のために何をしてくれるかということばかり考える。他の人が私の期待どおりに動いてくれて私の援助をしてくれれば上機嫌なのだが、いつもそんなことを期待することはできない。

むしろ相手はこちらが期待しているとおりに動いてくれないと初めから考えておいた方がいいくらいである。愛されていても、不満が膨らんでくる。愛されていない証拠を見つけることは容易である。実際には愛されていないのではなくて、自分が思うようには愛されていないということである。愛されているのに、もっと愛してよ、という人なのである。誰も注目の中心に立つことはできない。他の人は自分に格別の注目を与えてくれないものである。そのことを認められない人は特別に優秀であろうとしたり、問題を起こすことで注目を得ようとする。

他の人を支配しないということ

人と関わっていく際にトラブルの大きな要因となるのは、他の人を自分の思うとおりに支配しようとすることである。このことは非常に顕著に言動に現れるが、多くの場合本人には自覚がない。

他の人は私ではないのだから、私の思うように人を動かすこと、あるいは、私の思うように支配することはできないことは自明であるが、そうすることができるかのように思ったり、あるいは、支配的であることを認めようとはしないで、むしろこれはあなたのためを思っていっているという。

子どもの進路に口を挟み親がいいと思う大学に行かせようとするとか、こんなことが可能だとは思わないが、子どもがつきあっている相手、あるいは結婚しようとしている相手が気に入らないからといってつきあうのをやめるように勧告する……このようなことはすべて子どもと相談することなく決めることはできないのである。これらはすべて子どもの課題である。

あることの結末が最終的に誰にふりかかるか、あるいは、あることの最終的な責任を誰が引き受けなければならないかを考えた時、そのあることが誰の「課題」であるかがわかる。

簡単な例でいうと、勉強する、しないは誰の課題かといえば、子どもの課題であって親の課題ではない。勉強しないのであれば、そのことの責任は子ども自身が引き受けなければならない。子どもが勉強しないからといって親がそのことで困るわけではない。勉強していなければ志望校の選択の範囲が狭まるかもしれない。進学しないで就職の道を選ぶことになるかもしれない。しかしそれらはすべて子どもの課題である。

総じて、親の課題を子どもに解決させることはできない。多くの親が、子どもが勉強をしなかったり、学校に行かなかったりすると、「あなたのためを思って」という。子どものことが心配なのは親の課題である。私が心配だから学校に行ってというのならまだしも筋は通っているが、子どもにしてみれば親の課題のために親の願い（あるいは支配）を聞き入れなければならない理由はない。

親子関係のみならず、対人関係のトラブルは人の課題にいわば土足で踏み込む時に起こる。自分で考えがあって他の人とは違う人生を歩んでいる人に、必ずしも悪意ではないにしても、例えば、「結婚しないの？」とか「子どもはまだ？」「そろそろ子どもを作った方がいいんじゃない？」というようないい方をすると、そんなふうにいわれた人は自分の課題に踏み込まれたと感じるだろう。

赤ん坊は生きていくために親を使って食べ物を口に運ばせなければならない。そうしないと生きていけないのであり、そのために人を道具にすることを覚える。言葉を話せないので泣くことでまわりの大人を自分のために仕えさせなければならない。さもなければ生きていけない。アドラーは「赤ん坊は人を支配するが支配されることはないので一番強い」といっている（『個人心理学講義』四三ページ）。

問題は、いつの日か子どもはこんなふうに親やまわりの大人を支配する必要はなくなるにもかかわらず、精神的にはずっと赤ん坊のままの人がいるということである。そのようなライフスタイルは長ずるにつれて必要がなくなるのだから、支配的なライフスタイルから脱却しなければならない。そうしなければ人は大人になることはできない。

森有正《もりありまさ》は、次のようにいっている。人は自分自身の中にこういうことをしたいという「内面的な促し」をもっている。しかしこれを実現したいと思うと必ず障害にぶつかる。本当の障害は人との関係の中で出てくる。これをなんとかして克服していかなければならない。しかし、行く手を阻む人がいる時、力による解決は本当の解決にはならない。「たとえば相手と話し合いをつけるとか、あるいは相手に自分を理解させるとか、あるいは自分が相手を理解して、その障害が実際は障害ではないことを納得したり」（『いかに生きるか』三二〜三三ページ）というような経験を繰り返すうちに一つの反応が生まれ、それが人格にまで成長していくのだ、といっている。

行く手を阻むのが子どもである時、「子どもなんかひっぱたいてしまえばいいではないかというけれども、それはいけないのです。それはほんとうの解決にはならないのですから」と森はいっている。

支配もせず、支配され服従することなしにいられる人だけが真に自立した人であり、人間らしく生きていくことができる。命令されなければ何もできないようでは自立しているとはいえないし、支配しないでいられる人だけが幸福になることができる。支配的な人は、支配することで自分を特別に見せようとしなくてもいい。人の上に立とうとしなくてもいい。それなのに、自分が何らかの意味で人とは違っていなければならない、と考えたり、自分が他の人と違うことを証明しなければならない、と考える人が人を支配しようとする。何かを証明しないといけないと感じる時は、いつでも行きすぎる傾向がある、とアドラーはいっている（『子どもの教育』一六八ページ）。

人を支配しないということを突き詰めて考えると、まわりの人に何も手出し、口出しできないことになってしまう。また、どんなことであれ主張できないことになってしまう。実際には、人間関係においては、他人に意見をいうこともあり、そうすることが必要な場合があるだろう。しかし、本来自分の課題ではないことを自分と相手の共同の課題にする前に、あるいは、そうするための必要な前提として、人を自分の意のままに動かすこと、人を支配することはできないということを知っていなければならない。

感情のコントロールについて

感情について

人は私の思うようにはならないということにしっかりと思い至らなければ、人はそのことに苛立《いらだ》ちを覚え、感情的になってしまう。感情的になる、とりわけ怒りの感情をもつ時、根底には感情的になればなんとか人を動かせるのではないかという思いがある。そうすることができなくても、もう少し怒れば、自分のいうことを聞くのではないかと思ってしまう。たとえ相手が自分のいうとおりにしてくれたということがあったとしても決して喜んで従ったわけではないことに気づいていない。感情を使って人を支配できるという考えを捨てない限り、感情にとらわれ、感情に支配されることになる。

要求を通そうとする際に使われる怒りを例にして考えてみる。怒りは抑制することのできない感情であって、何かあることが原因となって、ついかっとして例えば子ども叩《たた》いたというふうに考えるのが一般的である。

激情、激怒、情熱を意味する英語の passion という言葉は「被る」(patior) という意味である。中島義道の言葉を引くと、「能動的に産み出すものではなく、受動的に被るもの、そう感じるようにさせられるもの、そう感じることに抵抗できないもの」というふうに説明される(『怒る技術』八二~八三ページ)。

何かのおりについかっとして暴力を振るうというような事態を、プラトンやアリストテレスはアクラシア(akrasia もしくは、プラトンの場合は、アクラテイア akrateia)という。「無抑制」あるいは「意志薄弱」と訳される。悪いと知りながら激情にかられて叩いてしまうというようなことがある。感情が人を圧倒するので、その人が本来もっている理性や知識(何が善であるかについての知)が力をもちえないということがある、と考えるのである。

プラトンの対話篇にもこのようなことがいわれている。

「多くの人々は知識というものを、何か強さも指導力も支配力もないようなものとして見ていて……たとえ人間が知識をもっているとしても、いざ実際に人間を支配するものはしばしば知識ではなく、何かほかのもの——あるときには激情、ときには快楽とか、ときには苦痛、ときには恋の情熱、またしばしば恐怖などである、と考えている」(『プロタゴラス』四五二b-c、藤澤令夫訳)

何をすべきかを知っていながら、他の情念に妨げられ、なすべきことを行うことができないことがあるのではないか。このアクラシア、アクラテイアといわれる事態において一体何が起こっているのか。

プラトンの初期の対話篇におけるソクラテスはこのようなことはない、と考える。第1章で明らかにした意味で、もしも人があることが善であることを知っているならば、そのことを知りながら感情に支配されて悪を行うことはありえない。善であることを知っていれば必ずそれを行うというのがソクラテスの立場である。そのような知以外のものに屈してしまうようなことがあれば、本当には善であることを知らなかった、と考えることができる。

しかし、あることが善であると知るだけでそれをただちに実践できるだろうか。人間の心理の複雑さや行為の非合理な面を見過ごしているのではないだろうか。むしろ常識はこのような主知主義を疑う。

感情で何を達成しようとしているのか――感情の目的

目的論の立場ではこのようには考えない。怒りはある目的のために人が創り出す感情であり、怒ることによってどんな目的を達成しようとしているかという観点から怒りという感情をとらえるのである。

怒りによって支配されるとは考えない。悪いと知っていながら感情に支配され悪(自分のためにならないこと)を行うことはない。一見したところ、ある行為(A)が自分にとって善であることを知っていながらそれを行わないということがあるとすれば、Aが善であることを知りながら行わないのではなく、それとは別の行為(B)がその時点で自分にとって善である、と判断しているのである。

怒りの目的を考えた時、怒りはこのように相手に自分の要求を伝え、それを受け入れてもらうという目的のために創り出される。しかし、実際には怒りではこの目的を達成することはできないとすれば、目的達成の手段の選択を誤ったということができる。さらに、手段を選択する際の知に誤りがあったということができる。実際、怒れば相手はいよいよ反発するかもしれないし、たとえ相手がいうことを聞いたとしても、気持ちよく引き受けるのではなくて、相手を恐れて引き受けるにすぎないからである。その時、人は怒りが有用ではないことを知り、そのような知はもはや怒りを使うことを選択しないだろう。

怒りは抑圧されるものではない。しかし、怒りを問題解決のためにいつも使っている人が、怒りを表現できない状況にあって、怒りを感じるけれども表現できない時に、怒りが抑圧されているというふうに考えるのである。

怒りの感情は抑圧されているどころか瞬時に創り出される。二人が喧嘩《けんか》をしている。一方が、あるいは双方がその際激しい怒りを感じているとする。そこへ電話がかかってくる。電話に出た時、最初の「もしもし」という声には怒りが交じっているかもしれない。ところが電話の相手が会社の上司であることがわかった途端に怒りは消える。「いつもお世話になっております」と今しがたの怒りはどうなったかと思うほど声の調子は変わる。ところが、電話を終えて受話器を置き、ふと電話がかかってくる前に喧嘩をしていた相手を見ると、またもや瞬時に怒りは創り出される。

このように怒りの目的がはっきりすれば、怒りの感情に直接アプローチするという方法、例えば、怒らないでおこうと決心するというような方法ではなく、怒りの目的を知り、かつ、怒りの感情をそのために使う目標をより容易に達成できる方法を採った方が有用であることを知れば、次第に怒りを使うことは少なくなる。

怒りによってどんな目標を達成しようとしているかをいつも考えてみる。一体、感情的になることで、自分は何を達成したいのか考えてみる。そのように考えれば、怒ることによって相手に自分の考えや思いをわかってもらいたいとか、あるいは、受け入れてもらいたい、要求を聞き入れてほしい、と思っていることがわかる。

また、一度怒れば相手がこちらがしてほしくないことをやめてくれるかというと多くの場合そうでもなく、同じように怒りを感じないわけにはいかない場面がその後も何度も繰り返されることになる。そうだとすれば、方法が徹底しないのではない。もっと怒れば相手が行動をやめるということはない。方法そのものが間違っていると考える方が論理的である。

さらに、怒ると、相手との関係が悪くなる。怒ることで相手が悔い改め、心を開いてくれることはない。むしろ、相手との心理的な距離はますます遠くなる。

ある時、いつものように子どもを保育園に送って行くと、いつもと様子が違った。二歳児のクラスは、担任が二人、一人は年配のベテラン、もう一人はその年保育士一年目の若い保育士だった。二人で何か話をされていたはずなのだが、私が教室に入っていったので、さっと話を終えられたようだった。しかし様子が変であることはすぐにわかった。

見ると、若い方の保育士さんが泣いていた。涙がこぼれないようにこらえていた。そのまわりには子どもたちが心配そうに立っていた。二人は教室の端と端に離れてすわっていた。きっと何か失敗し、その失敗をベテランの保育士さんがとがめたのだろう。ベテランの保育士さんは、やがて一言こういった。

「何かいいたいことがあったら、いってみなさい」

この時「はい。私にもいいたいことがあります」といえる人はいいのだが、私はこの職場に向いていないと若い保育士は思ったかもしれないし、そもそも保育士という仕事は私には向いていないと思ったかもしれない。あるいはもう少し積極的な人であれば、いつの日か見ておれ、と固く復讐《ふくしゅう》を決心したかもしれない。

感情的に批判したり叱ったりすると、二人の関係は遠く離れてしまう。よくある間違いは、最初に、相手との間に距離をつくってから、その上でなんとかしようと思うことである。教室の端と端という二人の保育士の物理的な距離が象徴しているように、二人の心理的な距離は遠いように見えた。最初にしなければならないことは、距離を近くすることである。大人は子どもに、職場の上司は部下に仕事上のさまざまなことについて教えなければならない。距離が近くなければ援助することはできない。

精神科医のレインの自伝に親が体罰を加える話がある。鞭打《むちう》ちのお仕置きである。「打たれている間に心にうかんだ慰めになる考えは、「これを忘れてなるものか」ということだった」（R・D・レイン『レイン　わが半生』八二ページ）

罰したり叱ったりすることは適切な行動を教えない。ただこの行為は罰の対象になるということを学ぶだけで、どうすればいいかを学ぶことはできない。怒ることが目的になってしまい、適切な行動を教えることは、二の次になってしまうからである。

支配的な人とつきあう

アドラーがある少年との次のようなやりとりを引いている。

「君のお父さんは、まったくまちがっているようだね。権威を振りかざし、いつも君を支配しようとするのは愚かなことだと思う。でもお父さんを変えることを期待するわけにはいかないのだよ。例えば、雨が降っているとする。君には何ができる？　傘をさしたり、タクシーに乗れるね。でも雨と闘ったり、雨を圧倒しようとするのは、無駄なことではないだろうか。でも、今、君は雨と闘うことに時間を費やしているのだ」（*What Life Could Mean to You*, p.85）

人を変えることはできないということをこのやりとりは教えている。人を変えようとは考えず、ちょうど雨を降りやますことはできないが、傘をさすとか車に乗るとか、あるいはそもそも外出を断念するなどのような対処を考えることはできる。

ある時、講演会で姑《しゅうとめ》とうまくいってないという人から質問を受けたことがある。これ見よがしに掃除をするとか、嫌なことをされるのだが、このような場合、黙っていた方がいいのかという質問だった。この場合、姑がこの人にとって先の森有正の言葉を借りると「行く手を阻む人」ということになる。相手を変えないということを前提に考えるならば、こちらの考えを理解してもらい姑を変えるということは不可能ではないだろうがかなり困難である。

もしそうであれば、選択肢は、三つしかない。つまり、一つは黙っているということ。そうすればぶつかることはないだろう。しかしずっと嫌な思いをすることになるであろうし、こちらの思いは伝わらない。

もう一つは、そういうことはやめてほしいと伝えることである。その場合、嫌われることは避けることができないだろう。三つめの選択肢は理論的にはありうるが、実際にはあまりないと考えた方がいいだろう。すなわち、やめてほしいと主張し、かつ嫌われないという選択肢である。「どれを選びますか」と問うと、その人は、二番め、すなわち、主張しかつ嫌われるという方を選ぶ、と答えた。

この話を別の機会にしたところ、姑と同居しているという人が、二番めの解決は「悲しい解決法」であり、それを聞いてつらい思いをしたという感想を語った。

こちらの主張を理解してもらい、かつ仲良くするという可能性がまったくないといっているわけではない。和解の道がないものか、と考えて、その方向で助言を試みるのだがなかなかうまくいかないことが多いということである。私も親との衝突を避けて、そもそも話し合いをしないという方法を考えていたことがあったが、今は徹底的に話し合うことを勧めている。こちらの考えを主張し、そのことで相手がそれをどう受け止めるかは、私の課題ではなく、相手の課題である。感情的になることがあっても、それは相手が処理しなければならないのであって私は何とすることもできない。

恋人との結婚を親に反対されている若い女性からの相談の場合、恋人とも結婚し、親も悲しませせないことができないものだろうか、と考える。親がカウンセリングにこられるのなら、「子どもの人生なのだからあきらめなさい。あなたが彼と結婚するわけではないのですから」と助言できるのだが。「そんな結婚をするとはなんて親不孝」と親が感情的になることが多い。そうなると、あなたの人生なのだから、恋人か親かどちらかしか選べないという「悲しい」選択肢を突きつけることになるのだが、思いがけず、「それなら親」というような展開になって驚くこともないわけではない。

このように今起こっていることを見直すことが、森のいう「自分が相手を理解して、その障害が実際は障害ではないことを納得」することに相当する。私の夫は車に乗ると人が変わったかのように乱暴な言葉使いになる。そんな夫の車には一緒に乗りたくないという人に、それならどうしたらいいと思うかとたずねて、「だから私は自分で車の免許を取りました」という答えが返ってきたとしたら、その人は相手の態度を改めるという方向ではなく、自分ができることを考えて実行に移したわけだから、問題は存在しないということになる。ひどい夫だと責めたところで問題の解決の糸口は見つからない。

もっとも、このように自分ができることを考え実行するということが「相手を理解」したことになるかはむずかしいところではある。相手の行っていることについての理解はそのままにしておいた上での対処の仕方だからであり、依然として相手は自分に嫌な思いをさせようとしていると思い続けるからである。それでもいいんだ、私は自由に生きているということだからと思えるならば、このような自分の行く手を阻む人との関係は変わってくる。

権力争いから降りる

先生のやり方が気に入りません。学校をやめようかと思うのですが……という相談を受けることがある。そんな時、はたして相手のやり方が自分の意にそわないからといって自分が不利な目にあわなければならないのか考えてみよう、という。若い人を見ていて気の毒に思うのは自分だけが不利な目にあって、大人の方は子どもが抵抗しても何も困っていないということである。

七年半の間、毎晩無言電話がかかってきたという先生を知っている。ある日、ふとある教え子の顔が頭に浮かんだ。いつもかけてくるのはあの子かもしれない、と思い当たった。その夜、いつものように電話がかかってきた。受話器をとってもいつものように無言のままだった。先生は思いきってたずねた。「○○君？」電話口の向こうから返事があった。「はい」。こうしてようやく二人の対話が始まった。その生徒のことを思いつかなかった先生を責めることは容易だが、生徒の側にしても長い間そんなふうに無言で電話をかけるエネルギーがあるのなら何か別の方法があったのではないか。

相手のやり方に不満がある時、この人は闘うに値するかをまず考える。闘うという言葉が適切でなければ、主張するという言葉でもいいのだが、闘うに値しなければ闘うのは無駄であるし、もしも闘うに値するならば、きちんと言葉で主張したい。

闘うに値しない人であれば、闘って自分だけが不利な目にあうことはない。大人のやり方に反発するために復讐に走るよりは、反対されることを覚悟で主張するように援助することが多い。

例えば親子関係の場合、親は子どもの生き方が理解できなくて反対するのだが、子どもの生き方を見て当惑しても親は基本的にはその気持ちをなんとか自分で処理しなければならない。これは子どもではなくて親の課題である。子どもが親の意向に従うというような決心をするのでない限り、親の課題は残念ながら解決されることはない。しかし親子関係をよくするためには、子どもの人生について子どもと親の目標を一致させる必要がある。子どもの人生なので親が譲るしかないわけである。

私の教え子は娘の進路を決めようとする父親に「私の人生だから私に決めさせてほしい」といい放った。多くのことは親の課題ではなくて子どもの課題なので、子どものあらゆることについて親がなんとかしなければならないという思い込みから解放されたら、それだけでも育児の負担からかなり解放される。親としては負担から解放されるということは本来ありがたいはずなのだが、なかなかそんなふうに親は理解しない。親が変わらないのであれば、子どもの方から主張するしかない。権力争いをしてみても復讐を試みてもあまりその甲斐《かい》はない。このケースのように自分の人生を自分の手に奪い返すために有効な方法を採ればいい。

友人から聞いた話だが、娘さんがある日食事の時にスプーンを落とした。「拾って」と頼んだので、母親はすぐに拾おうとした。すると、父親が「自分が落としたのだから自分で拾わせろ」といった。母親はそれを聞いて気持ちがぐらついた。かくて、その家では、三日三晩、スプーンが床に落ちたままになっていた。そして、スプーンを見るたびに家族の誰もが嫌な思いをしたという。

「拾わないで放っておくことは」エネルギーがいったのではありませんか？」とたずねると、「ええ」という答えが返ってきた。私だったら、「拾って」と言葉で頼んでいるのだから、あっさり拾うだろう、とこの話を聞いて思った。

到底引き受けられない無理難題を出されたらもとよりどうすることもできないが、断われば相手との対人関係が致命的に悪くなることが明らかな時には、正しさに固執しないで権力争いから降りることが必要なことはある。

なぜ権力争いから降りなければならないかといえば、権力争いをして相手に勝ってしまうと、復讐の段階に移行するからである。権力争いの段階であれば、本気で腹が立つが、復讐になると腹が立つというよりは、なぜこんなことをするのかと嫌な気持ちになる。

この話を聞いて、私の娘には思い当たることがあったようで、母親とある日喧嘩をした時のことを話してくれた。「私はすごく腹が立ったのでお母さんの車の鍵《かぎ》を食器棚の後ろに隠した」。男女関係であれば復讐のために、つきあっている人ではない別の人と関係をもつ、というようなことがある。復讐の段階では、もはやおもてだって腹を立てることはせず、相手にわからないように裏で嫌なことをするわけである。

権力争いから降りることを勧めても、よくある反応は「くやしい、だって私の方が絶対正しいのだから」というものである。負けても相手と仲良くなれるなら、その方がはるかに望ましいし、勝っても、すなわち、自分が正しいことを証明したところで相手との関係が悪くなってしまったなら元も子もない。

対人関係をよくする相互尊敬

友だちと思って

ミッチ・アルボムの『モリー先生との火曜日』には、「人生の意味」をテーマにALS(筋萎縮《いしゅく》性側索硬化症)に侵されていたモリー先生がかつての教え子でスポーツコラムニストであるミッチ・アルボムを前に行った講義の内容が記されている。

死について、あるいは、死をも内に含む生の意味についてモリー先生が語る講義の内容も然《さ》ることながら、一人の教え子に対する真摯《しんし》な姿勢は印象的である。初めてミッチがモリー先生の研究室に行った日、出席をとりながら、モリー先生は呼び方について質問した。

「ミッチの方が好きかい？　それともミッチェルでいいのかな？」

「ミッチです。友だちはみんなそう呼んでいます」

「じゃあ、ミッチだ。ところでミッチ。そのうち、私のことを友だちと思ってくれる

ようになるといいな」（三〇～三一ページ）

哲学の先生との出会い

私が哲学と出会うきっかけになったのは、高校一年生の時、その後の人生を決定的に方向づけることになった倫理社会の先生である蒲池潔《かまちきよし》先生との出会いだった。入学して間もないある日、向こうの方から足をややひきずるようにして顔を下に向けて歩いてくる先生を見て、私は他の先生にしていたように、何気なく軽く会釈をした。すると、驚いたことに、先生は、はっきりとその場で足を止めて、深々と私に頭を下げられた。当時、先生は七十歳くらいだったので、私は驚いてしまった。孫くらいの歳の私などに、そんなに丁寧に挨拶《あいさつ》をしてもらえるとは思ってもいなかったのである。その場を立ち去ってしまってからも、何か心に残るものがあったが、その先生のことについては何も知らないままに一年が経った。

そして、一年後、その先生が、倫理社会の先生であることを知った。哲学に出会ったというよりも、その先生に出会ったといった方が適切である。もしも他の先生であれば、これほど哲学に心を動かされることはなかったかもしれない。

今も知らずして先生を真似て、自分もそんなふうでありたいと思っていることに気づく。先生の講義には無駄な言葉というものが一切なかった。最初、話はその日の講義の主題とはおよそ関係がないかと思われる内容から始まる。その後、それらの話の間に次々と脈絡をつけ、一気に結論へともって行くというのが常だった。先生の講義を聞くことは、哲学の思索に参与することであったといえるかもしれない。漠然とした知識の羅列ではなく、本質的なものをこのようにして学ぶことができた。

このように書くと、堅苦しい講義であったかのような印象を与えるかもしれないが、ドイツの文学者、哲学者であるヘルダーがカントの講義を批評して語ったと伝えられる「講義がそのまま人を楽しませる会話となる」という言葉が、そのまま当てはまるものだった。

先生の講義の根底にあったのは、先生自身の学問に対する厳しい態度だった。曖昧《あいまい》な知識を頑として否定し、高校生といえども、このことに関して容赦することはなかった。今思い出しても、講義は非常に高度なものだった。

教科書には重要な術語がたくさん出てくる。そのたびに、その原語を教えてもらった。キリスト教について学んでいたある日、『ヨハネ黙示録』にある「我はアルファ（α）なり。オメガ（ω）なり」（二章一三節）という言葉の意味を説明するために、ギリシア語のアルファベット（αは、ギリシア語アルファベットの最初の文字、ωは最後の文字である）とその発音の仕方、さらにヨハネ福音書の「はじめに言葉（ロゴス）

あり」で始まる有名な冒頭の一節のギリシア語原文を教えてもらった。当時のノートを見ると、ただ発音したというだけでなく、簡単な文法の説明も受けたことがわかる。高校生だからそこまですることはない、とか、受験生に説明しても無駄で意味のないことだろうというようなことは決して考えることなく、労を惜しむということがなかった。

やがて私は先生から、放課後、個人授業を受けることになる。私が哲学を志していることが、担任の先生を通じて、先生の耳に入ったからである。教材は先生が大学での講義のために使っていたプリントで、マルクスの『経済学批判』の序文がドイツ語と日本語で書いてあった。ドイツ語を既にある程度読めた私は、恐る恐るドイツ語の方も読んでもらえないか、と頼んだ。すると、そのことに何の疑問も感じることなく、ドイツ語の説明をしてもらえたことに驚いた。

私が先に尊敬する

ある時、講演をしていた時に、ふと先生のことを思い出した。なぜ先生は私に足を止めてまで頭を下げたのか。私は先生を尊敬していたし、畏敬《いけい》という言葉が先生への思いを表現するのに適切ではないか、と思う。先生が私の知らない哲学について造詣《ぞうけい》が深かったからである。しかし、私は高校生で先生に比べたら何も知らないに等しい。それなのに、先生は初めて会った日、頭を下げられた。私にはそうされる理由がない、と思った。

しかし後に、私も教師になり、親になり、このことの意味がよくわかった。人が人を尊敬するのに理由はいらない。何か条件があって尊敬するのではない。その人の存在がそれ自体として尊敬に値するのであり、相手が誰であれ、大切な友人、仲間として尊敬するのである。

尊敬する時、必ず私が先にこの人を尊敬するのである。私がこの人を尊敬しよう、と決心するのであり、相手が私を尊敬してくれるのであればあなたを尊敬しようというような取引をすることはできない。尊敬を強要することもできない。私があなたを尊敬しても、尊敬してもらえるかはわからない。しかし私が尊敬しなかったら尊敬してもらえることはないだろう。

初めて、先生と廊下ですれ違った時、教師と生徒という役割分担を超えた人と人との出会いがあったと思う。高校生だからこれくらいでいいだろうという妥協をすることなく、ドイツ語やギリシア語まで教えてもらえたという経験を通じて、尊敬ということがどういうことなのか実感としてわかったように思う。

対等の横の関係

人は人と会った時、瞬時に自分と相手とではどちらが上か下かを判断しようとする。もしも相手が自分より下だと思えば、横柄な態度を取るかもしれない。反対に、相手が上で自分が下だと思えば、過剰にへりくだった態度を取ったり、おもねるかもしれない。

アドラーは「一緒に仲良く暮らしたいのであれば、互いを対等の人格として扱わなければならない」といっている（『人はなぜ神経症になるのか』三一ページ）。尊敬とはこのような上下関係ではなく、対等の横の関係の中で相手を敬うことである。上司や先輩には敬語を使うのに部下や後輩にはぞんざいな言葉を使う人を見かける。私には丁寧な言葉使いをしていた若い人が、電話で母親と話す時に横柄な言葉を母親にぶつけるのを聞いて驚いたことがある。

尊敬するということの意味は、相手をこのような上下関係の中で見ることなく、対等の横の関係で見るということである。

男女関係については、近年議論がなされてきた。もとよりこれだけ男女の平等について議論されてきたにもかかわらず意識はそれほど変わっているとは思えない。今でも生活の多くの面で本当の意味での男女の平等は実現されていないように思う。

それにもまして、大人と子どもの関係については、大人が上で子どもが下だと思っている人が多いのではないだろうか。

アドラーは既に一九二〇年代に、二世代後には女性は男性との間に真の平等性を獲得するだろう、と予言している。アドラーがすべての人間は平等であることに積極的に関与した一つの証拠は、ティラ・ボルドセンが作った女性の参政権獲得を記念する彫刻である。デンマークの彫刻家で初期の女性解放運動家であるボルドセンは、多くの女性と一人の男性で構成される彫刻を設計した。その彫刻の中の唯一の男性が、アドラーなのである。

アドラーが主張したのは、男女の平等にとどまらない。大人と子どもは対等の横の関係でなければならない、という。たしかに大人の方が知識も経験も多少子どもよりもある。また取ることのできる責任の量も違うので、大人と子どもが同じであるといっているのではない。小学校一年生の子どもの門限が夜十時ということはありえない。そんな時間に帰る責任が取れないからである。しかし、もしも家庭に門限があるとしたら時間は違っても大人にも子どもにも門限がなければならない。子どもには門限はあるが大人には門限はないというのは差別の論理である。

子どもの権利条約は一九八九年にできたが、先進諸国の中では日本が一番批准するのが遅かった。それほどまでに子どもの権利という概念は一般的ではなく、それに対する反発やとまどいは強かった。

しかし、辻邦生《つじくにお》はエッセイの中で戦国末期に日本にやってきた宣教師のフロイスが、ローマに送る報告書の中で次のように報告していることを紹介している（『辻邦生が見た20世紀末』一九八ページ）。

「（フロイスは）日本人が子どもを叱るのに、つねに言葉で理性的に諭し、決して暴力を使わない、と感心している」

フランスなどでは子どもに分別をつけるために、折檻《せっかん》用の鞭が売られていたことと対比されているので、フロイスの証言が正しければ、子どもの権利の概念が近年の日本においてなじみのないものだったからといって、古来ずっと子どもたちが大人に力で支配されていたわけではないということになる。

上司と部下についても同じことがいえる。上司は取らなければならない責任の量が部下とは違う。あるテレビドラマで失敗をした部下を上司が責めるのではなく、むしろかばう場面があった。部下は平謝りをするのだが、上司はいう。「こんな時こそ上司がいるのだ」。部下を守るのも上司の役目である。上司と部下は同じではないが、人間としてはまったく対等なのである。職責の違いは日本でしばしば誤解されているように人間の上下を意味しない。

このようにまず私と相手は対等であり、横の関係に立っている、と考え、その意味で相手を人間として尊敬しているということがよい対人関係の最初の要件である。

蒲池先生の学識からすれば大学で教えていても当然と思っていたし、戦前は高等女学校の校長を務めていたが、後になって、今度生まれ変わっても必ず高校の教師になりたいというのが先生の口癖だったという話を聞いた。いつか高校で文化祭があった時先生は生徒の演奏に感動し、横にいた若い数学教師の手を取って、この子たちを二度と戦場に送ることがないようにしよう、と不戦の誓いをしたという。

高校を卒業してから、一度しか先生と会うことはなかった。思いもかけず、先生の訃音《ふいん》に接したのは、まだ私が大学の二年生の時だった。私はといえば、中学校、高校の教職の免許を取りながら中学、高校の教壇に立つことはなかった。大学生の頃、大人と子ども、教師と生徒は対等であるという考え方を知っていたら、私の人生は違ったふうになっていたかもしれない。教師にならなかったのは、教師になるためには大きな声を出して生徒を威嚇するくらいでないといけないのだろう、と考えていたからである。大きな声も出せないようでは中学校や高校では教えることはできない、と思いこんでいた。教師と生徒の対等な関係がどのようなものかというモデルが示されていたのに気づくのが遅かったわけである。

一度、父に対して怒りの感情を使ったことがあったことを思い出した。あることで父が私の人生に踏みこんできた、と感じたので、おそらくその時生まれて初めて父に対して声を荒げた。その瞬間、そんなことをした自分を恥ずかしく思った。「今のいい方は上から下に向かっていわれたように思った」と私は父にいった。このようない方を父が理解するかはわからなかったのだが、父はよくわかってくれた。「私のいい方がよくなかったのかもしれない」と思いがけず率直に自分の非を認めた父は、それまで一度も聞いたことがなかった結婚した頃の苦しかった日々のことを話してくれた。その話を私は親子としてというより、対等の仲間として聞くことができた、と思った。後に、父が私に「カウンセリングというのを受けてみたい」といった時は驚いたが、他の人にしているのと同じようにカウンセリングができるような関係になれてよかったと思う。

ジッハーのいう横の関係

ジッハーは、人は人生において目標に向けて動くが、この動きは、「上」ではなく「前」に向かっての動きである、と考える。朝や夕方に雲間から薄日がさし、その光が海面で楕円《だえん》の形で輝くことがある。この光のことを西洋の人は「ヤコブの階段」とか「ヤコブの梯子《はしご》」と呼んでいる。ジッハーは『創世記』に出てくるこのヤコブの階段の話（第二八章）を引き合いに出して、天使が最上の段にいて、あわれなヤコブは下の方にいるというように考えることはない、という（Sicher, p.43, 50, and passim）。この階段は狭いので、二人が同時に同じ段にいることはできない。上の段に昇ろうとすれば、先にそこにいる人を押しのけなければならない。

そうではないのだ、とジッハーはいう。人は水平面に生きていて、皆それぞれの出発点、目標をもって進んで行く。ここには何ら優劣はない。自分で望むように、あるいはできるだけ早く、あるいは、ゆっくり進んで行く。ただ先に行く人と後を行く人がいるだけである。その皆が協力して全体として「進化」していく。進化を目指して人は「前」へ進むのであり、「上」へ進むわけではないのである。広い道を並んで歩いているので、別に誰が先に行こうと、後を行こうとかまわない。前を歩む人もいれば、後ろを歩む人もいるが、両者は優劣の関係にあるのではない。

精神的な健康を損なう一番大きな要因は「上下関係」「縦の関係」と、そこから帰結する「競争」である。自分が下にいると思う人は、上になりたいと思う。このような縦関係を容認しているように見え、自分を下に位置づけている人でさえ、そのことを善しとしているわけではなく、必ず上に行く機会をうかがっている。

きょうだい関係であれ、他の対人関係一般であれ、競争に負けた人だけが精神の均衡を崩すといっていいほどである。ほめられず、叱られる子どもは競争に負けた、と思う。社会全体として見ると、競争に勝つ人がいるということは、同時に必ず負ける人もいるということである。そうすると全体としてはプラスマイナスゼロになってしまうことになる。

縦関係としての思いやり、甘え

思いやったり気配りを重視するような対人関係も本質的には縦関係である。ある医院でデイケアのスタッフとして働いていたことがあった。初めて行った日にある患者さんが私のところにきて、「この本を買ってください」といった。自費出版の本であることはすぐわかった。見せてくださいといってあちらこちら読んでみたが、内容に興味をもつことができなかったのでおそらく読まないだろう、と思って「読みませんから、ありがとう」と返した。「たった千円ですよ」「ええ、でも読みませんから」。その人は残念そうに本を鞄《かばん》に戻された。

あとで他のスタッフにこの話をしたところ「どうして買わなかったのか」といわれた。驚いたことに院長以下スタッフが全員買っていたのである。「どうしてそんなことになったのですか」とたずねたら、買わなければ症状が悪くなるという答えが返ってきた。私も自分の書いた本をたくさんの人に読んでほしいと思う。勧めて断られたら平静でいられないかもしれない。しかし、買うのを拒めば症状が悪くなる恐れがあるからといって、読まないであろう本を買うのも変ではないか、とその時私は思った。本の内容に興味がなくても、買ってあげなくては、と思ったとしたら、その時築かれる対人関係は縦関係である。

幸い、私が断わったことでその人の症状が悪くなったという話はその後聞かなかったのだが、世の中の人は皆が自分の本に必ずしも興味をもっているわけではないということを学ぶということも大切なことではないか、と思ったものである。

思いやりが大切なことだとされる。人の気持ちは黙っていてもわからないといけないと思った時、その人と築かれる対人関係は縦関係である。なぜならその時、相手は何か要求があったとしても自分で言葉を使って要求できないと見なしているということであり、そのような相手よりも自分は優位に立っていると考えているということだからである。

他方、人の気持ちは黙っていてもわかるべきだと考える人は、自分の気持ちが人に伝わらなければたちまち攻撃的になるかもしれない。黙っていたら何も伝わらないのは自明だというのに。

ふりかえる

「尊敬」という言葉は、英語では"respect"というが、それの語源は、ラテン語の"respicio"(ふりかえる)である。何をふりかえるかというと日頃つい忘れがちになっているさまざまなこと、例えば「この人は私にとってかけがえのない人だ」「私とあなたは、今はこうして一緒に生きているけれども、やがていつか別れなければならない日がくるだろう」「だから、それまでは毎日毎日を大切にして、仲良く生きていこう」というようなことをふりかえるということである。

このようなことを「ふりかえる」ことから「尊敬」が生まれる。問題があろうが、病気であろうが、私の理想とは違おうが、私の大事なこの人と思ってつきあう。理想の人を頭の中から消し去り、「ほかならぬこの人と一緒に生きていくのだ、この人と仲良くして、心から尊敬して生きていくのだ」と日々決意を新たにするのである。

私の母はある日身体の不調を訴えた。その前からもひどい頭痛で苦しんでいたが、病院に行こうとはしなかった。その日、半身が麻痺《まひ》していて舌がもつれるというので診察を受けたところ、本人も家族も驚いたことにただちに入院することになった。脳《のう》梗塞《こうそく》だった。入院してからの予後はよくすぐにリハビリも始めたが、一月後再び発作が起き、これをきっかけに母の症状は急激に悪化していった。

やがて意識を失った母の病床で奇跡を望んだが、三ヵ月の闘病の後、亡くなった。四九歳という年齢は死ぬには早すぎる、と思った。意識があった最初の一ヵ月間は感情的なやりとりもあった。なんてわがままなことをいうのかと憤慨したこともあった。それでも後に意識を失ってそんなやりとりもできなくなった時、喧嘩していた日々も貴く思えた。意識があった頃になぜもっと母と話をしなかったのか、喧嘩なんかしていないで一緒に過ごす時間を大切にすべきだった、そもそも病気で倒れる前には、こんな日がくるなどとは思っていなかったから、大切な時間を無駄にしてきたのではなかったか。そんなことを母の病床で何度も何度も考えた。

死別でなくても愛し合った人と別れなければならないことはあるだろう。そんな日がくるとは思いもしなかった幸せな日々に、なんと時間を無駄に使ってしまったことか。そんなふうに悔いても遅すぎる。

こんなふうに後悔しなくてもすむように、日々、この人と共に生き、仲良く暮らしていこうと不断に想起していくことを「尊敬」という。

対人関係をよくする相互信頼

課題解決能力があると信じること

よい対人関係であるためには、相手をどれほど「信頼」できているかということがある。ここでいう信頼には二つの面がある。一つは、相手には課題を自分で解決する能力がある、と信じることである。

母が脳梗塞で倒れた時、主治医から病状について説明を受けた。その説明によれば母の病状が思っているほどよくないことがわかったので、本当のことを知ると母が不安になったり落ちこんだりするのではないか、と恐れた。

母が病気についての説明を医師から受けることは、母の課題である。しかし、当時の私は自分の病気について知るという機会を母に与えることに反対した。しかし母が真実を知って強いショックを受けることに耐えられないと思い込んだのは間違っていた。置かれている状況を母が受け入れられるとは信頼していなかったのである。

あなたの病気は治らないかもしれないと告げることは、家族にとっては勇気のいることである。告知がむずかしいのは自分の病状についての重い情報を担うことができず、死期を早めるという結果になることがありうるからである。

それでも、病気になった当の本人が自分の病気について真実を知らされず、家族だけが知らされているというのはおかしいと思う。私なら不治の病にかかった時に告知してほしい。残されたわずかな人生をどう生きるかという態度決定をしたいからである。

ホスピス医療に関わる山崎章郎《やまざきふみお》はいう。

「確かに、このような重く、つらい情報を担いきれない人もいるだろう。だが、同時にそれらのつらい運命を受け入れ、自分なりに乗り越えていく人たちも確実に存在しているということも忘れてはならない」(『病院で死ぬということ』一八六ページ)

家族といえども他の人は病気になった人の人生を代わりに生きることはできない。しかしできることは、その人が残りの人生を病気と共に生きるという課題に取り組めると信頼することである。

よい意図があると信じること

信頼するということのもう一つの意味は、相手の言動には必ず「よい意図」がある、と信じるということである。

母が亡くなってからしばらく父と二人で暮らしていた時のこと。私は甘やかされた子どもだったので、料理というものを作ったことがなかった。父も料理ができなかった。そこで毎日外食をしていたが、そのうち外食にも飽き、高くつくので何とかしなければならなくなった。父はいった。「誰かが作らないといけない」。私に作れといっているのは明らかだった。そこで料理の本を見ながら料理作りに挑戦し始めたのだが、今思えば最初のうちはどんな本が適当なのか判断もつかなかった。食材が簡単には手に入らなかったり、今すぐにでも食べたいのに、これから二日間も煮込むというような現実的でないことが書いてある本を買ってしまって、後悔した。

ある日、カレーを作った。本には小麦粉を炒《いた》めてルーを作ると書いてあったので、フライパンから離れられなかった。三時間かかった。やがて帰宅した父は、私が作ったカレーを口にしていった。「もう作るなよ」と。私は、もうこんなまずい料理を作るなよという意味だと理解した。こんなことをいう父のためにはもう料理を作るまいとさえ思った。

ところが、父の言葉は私が理解したような意味ではないということに十年くらい経って気がついた。母が病気で倒れたのは私が大学院に入った一年目で、三ヵ月の間ずっとつきそった。母が亡くなり病院を去った時には大学院のその年の講義は終わっていた。カレーライスを作ったのは次の年のことだった。父はまずいからもう作るなといったと思い込んでいたのだが、十年経って思い当たった。お前は学生で勉強しないといけないのだから、こんなに時間をかけて料理を「もう作るなよ」という意味ではなかったか、と。

父は私の生き方に批判的で、大学院を終えてからもいつまでも就職する気配がない私を見ては、どうするつもりなのかと説教した。私は顔を合わすのも嫌で避けていた。ところが、父の言葉を違った意味で解せるようになって以来、明らかに私の父の見方も関係そのものも変わったように思う。

他の人が自分の言動のよい意図を的確にこちらにわかるように示してくれるという保証はないので、努めて言動の表面的なところにとらわれずによい意図を見つけたい。他方、自分の言動については決して誤解されることのないように、言葉を尽くして話すことが必要になってくる。どんなに言葉を尽くしても残念ながら誤解する人はいるが、少なくともこちらとしては誤解の余地を残すことがないように極力努力しなければならない。

父をめぐるこのエピソードを、私は本の中に書いた（『アドラー心理学入門』一七四～一七五ページ）。妹がそれを読んで父にこんなことが書いてあるが覚えているか、とたずねた。ところが父はまったく覚えていなかった。嫌な思いをした人、傷つけられたと思った人は、その出来事をずっと覚えているのに、いった方は忘れているということがあるわけである。

父の信頼

数年前、生まれて以来ずっと住み慣れていた家を離れ、マンションに引っ越した。契約に際しては保証人が要った。父に頼むしかなかったのだが、自分で直接電話をするのが怖くて家人に頼んだ。

仕事から帰ってから、どんな返事だったか聞くと「そのことについては一度話しに行く」といわれたという。父は反対なのだ、と思ったら心が沈んだ。心は不安と恐れでいっぱいになった。そういう言葉を聞いただけで恐くなった。

こんな時には向き合うしかない。逃げることはできない。今度行くといわれて、その時まで待っていたら、ずっとこの不安な気持ちは続くだろう。こちらから電話するしかないと思って、次の日父に電話をすることにした。

実は今度、引っ越そうと思っているが、保証人になってくれないかという話から始めたのだが、医院を退職することにしたこともきちんと話そうと思った。若い頃、私は大学に長く籍を置き、常勤の仕事に就いたのは四十歳になってからのことだった。ところが、やっと就いた仕事を三年に満たないうちに辞めようとしていたのである。

きっとそのことについて何かいわれるに違いない、と思った。

勇気を出して父に、退職した後はフリーで講演と執筆活動を続ける、といった。すると、思いもかけない言葉が父から返ってきた。

「うん、そうか、わかった。それはいいことだ。頑張ってくれ」

恐れていたことは何も起こらなかった。

「で、保証人は……」

「それはもちろんなってやる」

事は思いがけずすんなりと運んだ。

子どもが何かをいってきた時に「うん、そうか、わかった、頑張ってくれ」といえるような、そんな親に私もなりたい、と思った。

無条件に信じること

何度も同じことを繰り返す人がいる。今度こそダイエットを成し遂げる、今度こそお酒をやめる、等々。「そんなことをいうけれども、これまで一度もやったことがないではないか」というようなことはいってはいけないと思う。たしかにこれまでの実績から判断すると信用できないかもしれないが、何かについてする、あるいは、しないと相手がいっているのであれば、その言葉はその時点において信じるに値する。通常いう「信用」は根本的に不信を前提にしている。一度でも裏切られるとそこですべては終わりである。「あなたのことを信じていたのに」と怒る人はそもそも最初から相手を信じていなかったのである。

これに対して、人を「信頼」するというのは（便宜上、信用と区別して信頼という言葉を使う）無条件であり、さらにいえば信じる根拠がない時ですらあえて信じることである。頭から信じないというのでは対人関係がよくなるはずもない。たとえ裏切っても信じる人がいたらそのような人を裏切り続けることはむずかしいだろう。

対人関係をよくする協力作業

人の課題にいわば土足で踏み込むことが対人関係を損ねることについては既に見てきた。原則として人の課題に介入しないのが安全である。とはいえ人は一人では生きていくことはできない。自分でできることは自分で解決していかなければならないが、自分の力だけではなんともならないことはある。そのようなことについては他の人からの援助を受ける必要がある。課題の分離は対人関係の究極の目標ではなくて、協力して生きていくことが目標である。しかし協力するにしても誰の課題かわからなくなっているので一つひとつこれは私の課題、これはあなたの課題というふうに課題を区別していかなければならないのである。

このような区別を踏まえてなお協力を求める時、あるいは協力を申し出る時には必要な手続きを踏まなければならない。往々にしてこの過程を飛ばしてしまうので関係がこじれてしまう。そこで「何かできることがありますか」と問うのが安全である。そのように問うてみて「ない」といわれたら何もすることはないということである。

母が脳梗塞で倒れた時、最初入院した病院から脳神経外科のある別の病院に移ることを母には相談せずに、父と私が相談した。今になって考えればよくわかることだが、母の意見を求めず父と私が今後の方針を話し合っていることを知った母は激怒した。その頃、意識はまだはっきりしていたのだから、これからどうするかについてはまず何よりも母と相談するべきだった。

人を援助する

人は、一人では生きていけない。自分にできることは自分でしなければならないが、できないことは人に援助を求めなければならない場面がある。

援助する側からすれば、求められていないのに援助することはできない。相手が援助を求めてきたことについては、それができることであれば援助したい。しかし、援助を求めてもいないのに、人の課題に手出し口出しすると後に問題を引き起こすことになり、無責任を助長することになってしまう。

子どもの生き方を見て親が口を挟みたくなることがある。息子はやがて長じてこんなことをいった。

「僕には僕の生き方がある。親に〔自分の生き方について〕何をいわれないといけないというのか。僕の人生を〔親に〕決めてほしくない。ごちゃごちゃと〔生き方について〕いわれたくない」

本来自分の課題でないことについて協力して課題の解決に向けて尽力する時、共同の課題にすることはできないわけではない。しかし、共同の課題にできるということを知ると、何でも共同の課題になると思い込む人は多い。援助を申し出ても、拒まれれば終わりである。それなのに、援助する、あるいは協力するという美名のもとに支配しようとしていることは多い。「あなたのために」という時、愛情という名に隠された支配かもしれない。あなたのことが心配だというのは、この心配から解放されたいということであったり、そういってあなたを自分の思うままに操りたいと願うことかもしれない。

また、このように「あなたのために」と考えて相手の課題に干渉すれば、そのことは相手に代わって責任を引き受けることになる。その結果、相手をいよいよ無責任にしてしまう。

黙っていたら何も伝わらない

自分だけの力ではできないことは他の人の援助を請わなければならない。自立というのは何が何でも自分の力で成し遂げるという意味ではない。自分ができないことをできないといえることは大事な自立の要件である。黙っている限り、誰も援助してくれない。

もとより何でも人に援助を求めていいわけではない。自分でできることであれば極力自力でしなければならない。自分はできるだけ自分のことを人に頼まないで自分でする。他方、他の人が援助を求めてきたら可能な限り援助する。おそらく、すべての人がこんなふうに考えて生き始めたら、この世の中はずいぶんと違ってくることだろう。

他の人の考えはわからない

そもそも人間はテレパシーの力をもっていないので、何を考え、感じているかは黙っている限り他の人に通じることはない。それなのに、他の人が何を考えているか、感じているか、黙っていてもわかると思ったり、自分のことは黙っていても他の人がわかってくれて当然と思っている人がいる。もしも本当に人と人がわかりあえたら、すてきなことだが、実際には人が他の人のことを本当にわかるということはむずかしい。

時には本人にもわからないことがある。それでも他の人に指摘された時、当たっているか、まったく当たってないか、いわれてみてはじめてわかることもある。

アドラーは「相手の立場に身を置く、とか他の人の目で見て、他の人の耳で聞き、他の人の心で感じる」という意味での「共感」が重要である、といっている（『個人心理学講義』一四一ページ）。言葉としては理解できるが、実際に共感できるかというとそんなに簡単ではない。それどころかほとんど不可能に近いといっていい。どうしたって自分の目でしか見ることはできないし、自分の耳でしか聞くことはできない。感じるのはこの自分の心で感じるのであって、他の人の心で感じるのではないからである。自分だったらどう感じるかというふうにしか人の気持ちを類推することはできない。

しかし、アドラーがこのようにいおうとした意図はわかる。相手のことはわからないといって話を終わらせるわけにはいかない。自分だったらどう感じるかと考えたらたいてい誤る。自分と相手はそれほど違っている。

そのため、限界はあっても相手のことを知ろうとする努力を最大限行うことは必要である。もしも自分が相手の立場だったらどう感じるだろうと考えて共感しようとしても、自分の立場を超えることはできない。そのようにしても結局のところ他の人に共感することはできないが、そうすることの限界を知った上で、可能な限り、相手の立場に身を置いて共感する努力は必要である。できる限り、相手の立場で、自分の見方が決して唯一絶対ではないことを知った上で共感することを試みなければならない。自分はこうだから相手もこうだろうというふうに考えていては、相手を理解することはできない。

しかし、このような方法に限界を感じるのであれば、人の心をさぐらないで、率直にたずねることが一番簡単な方法だろう。まず自分のことについても、黙っていては通じないということを知っていなければならない。

考えを押しつけない

小倉千加子《おぐらちかこ》が上野千鶴子《うえのちづこ》との対談の中で、「「自分でわからんだけや」言うたら、なんでも通るのが心理学ですからね」といっている（『ザ・フェミニズム』四〇ページ）。カウンセリングも、カウンセラーとクライエントが協力して進めていくので、カウンセラーがクライエントの行動や症状などについて何かの解釈をしても、クライエントがそれを受け入れることに抵抗してしりぞければそれで終わりなのである。自分ではわからないだけ、というようなことをいいだしたら、何でもカウンセラーのいうことが通ることになってしまう。

このようなカウンセリングの方法は、ソクラテスの対話を想起させる。ソクラテスは、自分は何も知らないことを知っているといっているので、対話を優位にリードしているように見えても、ソクラテスは答えを知っていて相手をその答えの方へと導いているのではないのである。

非主張的であることの問題

ある日、娘が私の父と二人で外で食事をしたことがあった。私も一緒に行くつもりだったが、直前に込みいった相談の電話が入ったので二人で行ってもらった。帰ってから父が「えらく食が細いなあ」というので、どういうことかたずねたら、ラーメンを半分くらいで残してしまったのだという。娘にあとからたずねた。娘は卵のアレルギーがあるので卵は食べないようにしているのだが、思いがけず注文したらラーメンに卵が入っていたのだという。もしも私と一緒だったら私の器に卵を取り除くか、別のものを頼めただろうに、遠慮していえなくて我慢して食べたということだった。親の前だと「まずい」とか「食べない」とはっきりといえるが、こんなふうに遠慮して黙っていると、(先に使った言葉を使うと非主張的であれば)自分の思いは伝わらない。

神経症について見たように、神経症は言葉によらない症状によるコミュニケーションであるということができる。時には臓器が語ることがある。正確には、臓器を使って人が語るということである。心臓、胃、排泄《はいせつ》器官、生殖器官などにおける機能障害は、人が自分の目標を達成するために取る方向を表している。アドラーはこのような機能障害を「臓器言語」(organ dialect, organ jargon)と呼んでいる(『人はなぜ神経症になるのか』一六七ページ）。

症状を使うことで人生の課題から逃避することを試みるのでなく、積極的に言葉によるコミュニケーションができるようになる援助をしなければならない。そのような援助によって、症状や臓器言語を使うことは少なくなってくる。

対人関係をよくする目標の一致

対人関係がよいといわれるためには、さらに目標が一致していなければならない。私は何をしようとしているのか、そしてあなたは何をしようとしているのかという目標の一致が必要である。

例えば、子どもが中学を卒業したら働きたいといい、親は高校に行ってほしいという時、目標は一致していないわけである。この場合どうしたらいいかは簡単である。子どもの人生なのだから、子どもの目標に合わせるしかない。もちろん親の考えを意見として伝えることはできるが、親が勝手に自分の思うように子どもの進路を決めようとすると、最初から話し合いは決裂することになる。

若くして知り合った恋人は、それぞれが卒業、入学、就職を控えており、そのつど二人の関係をこれからどうするかという決断を迫られる。この人との人生は私の野心（もしそういってよければ）を捨てるに値するのか、彼、あるいは、彼女ではなくても、ほかにも私の人生のパートナーはいるのではないか。そんなふうに考えて、離れて生きることなど少しも考えることもなかったのに、そんな思いが二人の関係に影を落とすことになる。

関係を始めるのは簡単である。その時はあとで互いの絆《きずな》を断つことになるということすら考えない。「万に一つも考えていなかった日の幸福の結び目」（吉野弘「ほぐす」）を「ほぐす」作業は辛《つら》く哀しい。蝶々《ちょうちょう》結びにしておいていつでも簡単に別れられるようにと思っていても知らぬ間に二人は固く結ばれてしまっている。

結局どうしたいのかという合意が必要である。相手の考えを知らずに動くことはできない。調整が必要なこともある。あたりまえのことのように聞こえるが実際には目標が一致していないことが多い。

千葉敦子が、ホスピスに入院している患者が若い神父を拒否する話を書いている（『よく死ぬことは、よく生きることだ』二七ページ）。千葉はいう。私は若い神父に助言をしてもらう気になれない。私は先が長くはないのを知ってる。それなのに元気づけてもらうのはまったく迷惑な話だ。日本の病院ではもう死んでいくに決まっている人に向かって「頑張ってください」というけれど、一体どういうつもりでそんなことがいえるのか、と（三〇ページ）。

千葉はこうもいう。「私にはこのありがた迷惑さは、痛いほどよく分かります……望まない人のところへ行って邪魔をしないように、気をつけていただきたいと思います」（二八ページ）。

この目標は一度決めたからといってずっと同じでなければならないことはない。目標は必要があれば変更することは可能である。

黙っていないで言葉で伝える

人を傷つけたいと思っていなくても、知らない間に人を傷つけていることはありうる。人と関わる時にどれほど周到に言葉を選んでいても人に嫌な思いをさせることはありうる。そんなつもりではなかったという弁解は多くの場合通用しない。その際、そのことを指摘され、私はあなたの言葉で傷ついたといってもらえたら謝罪することもでき、今後の行いを改めることもできるが、指摘されることなく断罪されたとしたらどうだろう。他人に与えた痛みを知ることなく生きていくことになる。

中島義道は次のような話を引いている（『ひとを〈嫌う〉ということ』二〇～二一ペ

ージ)。自分のなまりを恥じて日頃はなまりがあることを隠していた小学生が、ある日の国語の授業で朗読した時ついなまりが出てしまった。教室中の者がどっと笑った。それからその子は学校にこなくなった。見かねて担任の教師が家庭訪問をすると、その子はこういった。「あのとき、先生までも笑った。絶対に許せないと思った。自殺しようと思った」。教師にとってはすべてが意外だった。ショックを受けた教師はその場で涙を流し、「許してくれ」と頭を下げた。

この国では「どんなに傷ついたかわからないのか!」という声に皆が平伏してしまうという構図があるがこれはおかしい、と中島は指摘する。他人がどんなに傷ついたかは普通わからないのがあたりまえなのだから、言葉を尽くしてわからせるように努力すべきだが、このように叫ぶ人はその努力をしない、と。

私も中島と同じ考えである。人を傷つけたかもしれないという可能性にはたえず敏感でなければならない。自分を傷つけた人を黙って断罪しても問題は解決しない。カウンセリングにおいても、私はなんてかわいそう、こんなふうな思いをさせるあの人はなんてひどい人なのという話に終始すれば、少しも問題の解決につながらない。無言電話をかけたところで、たしかにそのことで相手は嫌な思いをするかもしれないが、必要なことは「直接」自分が相手の言動の何で傷ついたかを主張することである。日常的なレベルでも以上のことは起こる。努力したのに認められないことがある。

賞罰教育を受けて育った人にはこのことは我慢ならない。これだけ頑張ったのにどうして気づいてもらえないのか、と。

格別の努力をしたということでなく、髪の毛を短くしたとか髪型を変えても気づいてもらえないということがある。気づいてもらえないのなら、こちらから「髪型変えたんだけどどう思う？」というふうにいえばいいだけである。なぜ、それをいいだせないのか。こちらからいうと負けたことになると思うからである。

しかし、「対人関係は勝ち負けではないのだから、仲良くしたいのなら負けたっていいではないですか」と助言しても、抵抗する人はいる。主張しないことで既に権力争いをしているということがあるわけである。

人は人をわかるか？

世の中にはいろいろな人がいるもので、他の人が自分とは違ったふうに考えているとはこれっぽっちも思わない人に会って驚くことがある。娘のことはこの親である私が一番よくわかっているはず、とか、彼、彼女のことは何もいわなくてもわかるという。本当にそんなことがあるのだろうか。

鷲田清一が、ある大学の倫理学の授業でこんな答案に出会ったという（『じぶん・

この不思議な存在』三一～五ページ）。鷲田は「ためらいなくその年の受講者約四百名中の最高点をつけた」という。講義は最初の一回しか出ていないというのに。その答案の要旨をまとめると次のようになる。

答案のタイトルは「〈大好きだ！〉攻撃」。つきあい始めた彼がいるのだが、やがて「おれ、N子ちゃんが好きだ」と時々いうようになった。はじめは悪い気はしなかったがどうしても答えないといけない状況になった。ところが自分でも自分の気持ちがはっきりしない。そのことを正直につげると、彼はとたんに息せききってこういった。

「おれ、N子ちゃんが好きだ、愛してる」

そして続けて、

「N子ちゃんもおれのことずっと好きだったってこと、おれはわかっている」と。

こんなふうに「〈大好きだ！〉攻撃」が続いた。次第に返事をするのがおっくうになり、ある日とうとう黙ってしまった。すると彼は、彼女の髪に手をやり、耳に息を吹きかけるようにして、こう囁《ささや》いた。

「照れ屋さんなんだから……」

彼女はやがて彼と別れる決心をした。

あなたのことは何でもわかっているというようなことをいわれたら、あまりいい気持ちがしないのではないか。人が人をわかるというのはむずかしいことで、わからないと思った方が安全である。

ある時この話をしたところ「その話を聞けてよかった」といった人がいた。子どもの中学校の懇談会に行った時、先生が「子どものことをわかっていると思う人は手をあげてください」とたずねた。自分の子どもでもわからないことがある、と思ったその人は手をあげなかった。ところが、その人以外の他のお母さん方は全員手をあげた。他方、わからないと思う人は、と問われた時に、手をあげたのはその人だけだった。中学生のことがはたしてわかるのか？　先生もこのように問う時、わかっていることは大切なことである、と考えているのだろう。あなたのことは母親である私が何でもわかっているのよ、といわれて喜ぶ中学生がいるのだろうか。

N子さんは彼に対する気持ちがわからなくて正直にいったところ「N子ちゃんもおれのことずっと好きだったってこと、おれはわかっている」といわれ困惑した。彼は自分流の彼女のイメージを見ているかもしれないが、「彼女」は彼の中には存在しないのである。そんなふうな見方をされた彼女がやがて彼と別れる決心をしたように、あなたのことをわかっているといわれた子どもたちは親に反発するのではないだろうか。もちろん、人が人をわかることはすてきなことであるけれども、わからないと思った方がかえって思い込みから自由になれる。

わからないと思ってつきあう——みんなちがって、みんないい

みんなが均一的な、同じような世界に生まれ、育ち、死んでいく、そんな時代であれば、まわりの人も自分とみんな同じことを考えている、と思えたであろう。ところが現実はそうではないので、自分とは違ったことを考え、行動をする人が、どうしてそう考え行動するのか、わけや理由を知ろうとする。自分自身についても、自分は本当はこんなことをしたかったのに、できなかった。例えば、ついカッとして人を傷つけてしまったという時、自分はそうするつもりではなかったのに、どうしてこういう行動をしてしまったのか、と考える。

ここで問題が起こる。人や自分を理解するために、解釈したり分析するのだが、そのことによって知らないことを知ることにはならないということである。池田晶子はいう。

「しかし、そもそも自分の知らないことを、自分の知っている理屈によって知って、はたして自分の知らないそのことを知ったことになるのだろうか。その時知ったのは、自分の理屈による自分の知り方だけであって、自分の知らない対象そのものではないのではないか」（池田晶子『魂を考える』九六ページ）

既存の、あるいは、既知の枠組を当てはめることでは、知らない対象を知ることはできないのである。

人はみな同じではないのだから、そんなふうにして自分の知っている理屈を当てはめなくても、自分とは違う人について、単にあれはああいう人なのだ、と認めればすむ、だから間違えるということもない、と池田はいう。

「結局のところ、人はみな同じではないのだ。同じなのは見た目のこの形だけなのだ。「同じではない」というのは、「不平等」という意味ではなく、単に〈魂〉が別々だということである。民主主義の悪いところは、誰も彼も同じで、またその同じというのが、ただ「人間である」というそれだけの根拠により、またそれによって求められているところも、要するに快適な生存というじつに浅薄なところにあるわけで、私はあの考え方は好きではない。人間を〈魂〉として見るなら、民主主義はあり得ない。天才もまた、民主主義の世界の中には存在し得ない。「同じではない人間がいる」ということを、人々が理解しないからである」（一〇四ページ）

もちろん、先に見たように、人はみな同じであるといっているわけではない。同じではないがそれでも人間は対等である。

私はこのような考え方を真の「民主主義」だと考えている。池田が、あるいは、古くはプラトンが、批判の対象とする民主主義とは一線を画している。

二六歳で夭折《ようせつ》した詩人、金子みすゞにこんな詩がある。

「私が両手をひろげても、
お空はちっとも飛べないが、
飛べる小鳥は私のように、
地面《じべた》を速くは走れない」
（「私と小鳥と鈴と」から）

「みんなちがって、みんないい」と詩は結ばれる。

このように同じではないが違っている人が共存していくためには、まず違いがあるということ、そしてその違いを理解するのは必ずしも容易ではないということを認めなければならない。

わかったようでいて実は何もわかっていないのかもしれないという思いがなければ、知の探求は起こらない。人についても同じである。相手に関心をもつためには、相手のことはわからないと思い、そのことを前提として相手のことを知りたいという欲求がなければならない。

ソクラテスが、自分は何も知らないことを知っていると「無知の知」を説いたことをここで思い起こすことは、唐突なことではないだろう。ソクラテスは「ソクラテスよりも知恵のある者はいない」という神託を受けたが、自分が何も知らないことを自覚しているソクラテスは、知者と呼ばれる人のところへ行って自分より知のある人を探し出そうとした。ところが、知者といわれる人は本当は知者ではないことがソクラテスとの問答によって明らかになった。ソクラテスは彼らとは違って「私は知らないことは知らないと思う、ただそれだけのことでまさっているらしい」(『ソクラテスの弁明』二一d、田中美知太郎訳）ということを知ったのである。

ちょうどソクラテスが「無知の知」を主張する時、そこで終わるのではなく、無知の知を出発点とした哲学、すなわち、知を愛することへと向かうように、人と人は基本的にはわかり合えないといいながらも、なおそのことを前提とした上で、「他の人の目で見て、他の人の耳で聞き、他の人の心で感じる」という意味での「共感」の重要性を説いているところがアドラーの真骨頂である。わかりあえないけれど、相手に共感し想像できる。想像できるからといって相手をより知ろうという努力をやめることはない。そのことが人と人とを近づかせるのである。

近すぎず、遠すぎず

人との距離

ロビン・ウィリアムス主演の映画『パッチ・アダムス』を見ていて、対人関係の距離についてあらためて考えさせられた。この映画では医師と患者の関係ということになるが、この距離は近すぎてもいけない。

治療者と患者が恋愛関係になるのはあまりに近すぎる関係である。クライエントと同じ症状が出るというカウンセラーの話を聞いたことがあった。思い入れが強いとこんなことも起こるだろう。

他方、距離が遠すぎるのも問題である。パッチ・アダムスは医師と患者を対等の関係と見ている。アダムスが、患者に名前を呼んで話しかける場面があった。回診の際、カルテを見ながら、教授が症状について説明しても、患者は気むずかしい顔をしていた。しかもこの先悪くなるだろうという話ばかりなので不安な表情でもあった。アダムスが、「この患者の名前は？」と問うた時、症状については詳細に説明できるというのに、誰もすぐにはその問いに答えることができなかった。アダムスは患者に名前をたずねた。そして、その名前を呼んで挨拶するだけで患者の態度が変わった。それくらいには近づいていなければ治療もカウンセリングもできない。

近づきすぎて関係がうまくいってないカップルがあるとすれば、0（ゼロ）にするのではなく、一度少し距離を置いてみることを提案することがある。「これからどうするの？」というような話は二人にとって必須《ひっす》ではあるが、時に話がこの種のことについてのテーマになると一方、ないし、両方が感情的になるのである。そんな時は、深入りしない方がいいようである。一度少し距離を置いて（だから別れるということではない）二人の間にあった熱を冷ますのは悪くない、と私は思っている。

二・五人称の視点

柳田邦男のいう「二・五人称の視点」という考え方はおもしろい。

「二人称は、肉親や恋人同士のように「あなた」と呼び合える関係のこと。専門家が被害者や病人や弱者に対し、その家族の身になって心を寄り添わせるなら、何をなすべきかについて見えてくるものがあるはずだ。しかし、完全に二人称の立場になってしまったのでは、冷静で客観的・合理的な判断をできなくなるおそれがある。そこで二人称の立場に寄り添いつつも、専門家としての客観的な視点も失わないように努める。それが、潤いのある「二・五人称の視点」なのだ」（『言葉の力、生きる力』二一四ページ）

あまり近すぎるとかえって見失うこともあるだろう。

かといって、人ではなく「病気」を見るのは間違っている。母が入院していた時の、看護師の「意識があることはあるみたいね」といういい方や、「（挿管で）歯が二、三本折れたけど退院したら、治してやって」といういい方には抵抗があった。看護師は母の人格を認めているようには思えなかった。一命を取り留めたのだから歯の一本や二本はなんていうことないだろう、と母があたかも物質であるような扱いをされているように思えたのである。歯が折れるということは大変なことだと思うが、意識がないのだから苦痛などあるはずはないということなのか、と無神経ないい方にあきれてしまった。

母が入院していた時、ある看護師は、「昨日夢を見ました。ベッドにすわっておられる夢です」と話しかけてこられた。その頃、母はもう意識がなかったのである。ただの仕事だったら患者の夢を見たりすることはないだろうと思った。

柳田が、家族や友人が見舞いにもってくる花の名前をいい当てる看護師の話を書いている（一三五～一三八ページ）。柳田は友人の見舞いに行った時の経験を書いているのだが、後にその友人が亡くなってから用事があって病院を訪れたところ、その看護師に会った。

「あなたは花が好きなんですね」

そういうと、彼女は恥ずかしそうにして、「図鑑を見たりして、一生懸命に覚えてるんです」

「どうして？」

「患者さんはお見舞いの花を見て、心を慰めているでしょう。自分も花に愛情をもって話題にすれば、患者さんの辛い心に少しでも寄り添えるのではないかなって思うんです」

母が入院していた時、三人称としてしか見られない看護師ばかりだったら、私が入院していたといっても過言ではないほどの長い病院での生活は苦痛でしかなかったと思う。けれどもベッドサイドで何もできないいますます母の緩慢な死を看取ることしかできなかった私には、母に関心をもって接してくれた看護師たちのことを感謝の念と共になつかしく思い出す。

第3章　幸福とライフスタイル

アメリは生まれて初めて、
自分とこの世界のすべてが調和したような気がしていました。
柔らかな陽の光。風の香り。街のざわめき。
すべて完璧。
人生はなんてシンプルで、なんて優しいんでしょう。
（イポリト・ベルナール『アメリ』）

ライフスタイルが人の幸福、不幸にかかわる

シンプルなこの世界

アドラーの晩年の秘書を務めていたユヴリン・フェルドマンはアドラーが亡くなった時アドラーがかけていた眼鏡をもらえないか、と妻のライサに頼んだ。フェルドマンは、なぜ眼鏡がほしいか、とたずねられて「アドラーが見たように人生を見たいのです」と答えた（*Alfred Adler: As We Remember Him*, p.52）。

どんなスポーツでもいいが、ルールを知らなければ何が行われているかわからない。人を観察する時も基本的なルールを知っておかなければ何もわからない。アドラーはこの世界をどのように見ていたのか。

アドラーとウィーンで仕事を共にし、後にアドラーがアメリカに活動の拠点を移すことになった際、ウィーンでのアドラーの仕事を引き継いだリディア・ジッハーは、ある土曜日、アドラーの『神経質について』を読み始めた。月曜日も祝日だった。

「ひどく暑い日だったが、私は一人でいられることを幸せに思った。私はアドラーの本を最初から最後まで三回ほど読んだ。火曜日の朝、私は椅子から立ち上がった。世界は違っていた……アドラーは私に教えてくれたのである。世界は信じがたいほどシンプルだ、と」(*ibid.*, p.59)

ところがジッハーがいうように世界は本当はシンプルなのに、そうは思えないとしたらなぜか。世界が、そしてその中に生きる私たちの人生が複雑なものに見えるとしたら、ジッハーによれば「神経症的な意味づけ」をしているからである。神経症的な意味づけをやめれば「世界は信じがたいほどシンプル」になる。人生が複雑なのではなく、私が人生を複雑にしているのである。

ライフスタイルとは

この世界、人生、またこの自分についての意味づけのことをアドラーは「ライフスタイル」と呼んでいる。普通には「性格」と呼ばれるが、あとであげる理由でこのように呼んでいる。

既に見た目的論に照らしていえばこのように説明することができる。人生は目標に向けての動きである。目標を設定し、それを追求していく。この目標に至る道筋は人によって異なっていて、個人の人生を貫く、この人生目標に向けての特有の運動法則がある。これを「ライフスタイル」という。人はいわば生まれた瞬間から、自叙伝を書き始める。この伝記は死で完結するが、自叙伝を書く時の文体はその人に固有のものである。人は、対人関係の中にあって、このような場合にはこのようにすればうまくいき、このようにすればうまくいかなかったという経験を重ねる。そのような経験を通じて問題解決の固有のパターンを身につけるわけである。

スタイルはもともと文章のスタイル、作者に特有な文章表現、文体のことである。村上春樹《むらかみはるき》が文体（style）は「姿勢」と置き換えてもいいが、むしろ、「生き方」に近く、歩いたり、息を吸ったり、そういう生きることすべての総体である、といっているのは興味深い（『少年カフカ』一〇九ページ）。

ライフスタイルについては、「自分と世界の現状と理想についての信念体系」という静的な定義もある。ライフスタイルは目標に向けての一貫した動きであるから、それを部分に分けることは本来できないが、便宜上ライフスタイルを構成する信念体系を次の三つに分けて考えることができる。

一、自己概念（自己の現状、私は誰かということについてもっている信念）
二、世界像（世界の現状、世界は私に何を要求しているか）

三、自己理想（この世界で居場所を得るために私はどうあるべきか）

自己概念は、自分がどんなふうであるかについての信念である。信念であるから、他の人が必ずしも納得できないということがある。実際に痩《や》せていても太っている、と思う人もいれば、美人なのにそうではないと思う人もいる。人生の課題についていえば、それを解決する能力がある、と考える人もいれば、解決できない、と思う人もいる。

世界像は、自分のまわりのこの世界は自分にとってどんなふうであるかについての信念である。危険な場所と見る人もいれば、安全な場所だと見る人もいる。まわりの人については自分の仲間だと思う人もいれば、敵だと思う人もいる。

自己理想は、自分はどうあるべきか、ということである。自己理想にはさまざまなものがある。例えば、「私は優秀であるべきである」とか「私は好かれるべきである」というようなものである。

このうち人が目標を設定し、それを追求することは、自己理想にかかわる。この自己理想自体が目標であるが、これは究極の、あるいは、上位の目標である幸福を達成するための手段となる。

自分や世界についての信念、あるいは、意味づけがどうかによって生き方そのものが変わってくる。神経症的な意味づけをしている人にとっては人生は複雑なものになる。

症状の除去ではなく

第1章で見たように、神経症者にとって症状は必要なものである。直面する人生の課題を解決することができないと思いこんでいる人にとって、症状はそれを回避するための口実として必要であるという意味である。人生の課題を解決できるという自信をもち、もはや症状を必要としない、と思える前に症状だけを除去しても、多くの場合は別の、しかもたちの悪い症状が代わって生じることになる。

そこで人生の課題を解決し、対人関係をうまくやっていけるという自信をもてることが必要だということがわかる。ライフスタイルが変わるのでなくてはならない。そもそもライフスタイルを変えることができるのか、あるいは、どんなライフスタイルであれば、神経症的な意味づけから脱却し、シンプルな世界に生き、ひいては善く生きることができるだろうか考えたい。

私が決めるのであって、他の要因が決めるわけではない

アドラーは、「ライフスタイル」といって「性格」という言葉を使わない。ライフスタイルは生まれつきのものでもなく、また、性格という言葉に含まれる変わりにくいというニュアンスを一掃したいからである。

先にプラトンの『国家』で、老年が不幸の原因ではなく、端正で自足することを知らない性格の人にとって人生は、老年であろうと青年であろうと辛《つら》いものになると語られているのを見た。ある種の性格が不幸の原因というわけである。ここでいわれている性格は、アドラーのいうライフスタイルに相当する。

厳密にいえば、人間の性格、ライフスタイルが不幸あるいは幸福の原因なのではない。人はあるライフスタイルを選び取り、このライフスタイルによって生きていこうと決心する。そのことによって、人生は老年であれ青年であれ、楽なものになることもあれば、つらいものになることもある。ライフスタイルもまた人生目標を達成するための手段である。

このライフスタイルを、人は比較的早い時期に形成する。それ以前の人生のことは断片的にしか記憶していない。病気になったとか、旅行に行ったとか、旅先で怪我を

したというようなことを断片的に覚えてはいても、それがいつのことだったかという時系列の記憶は定かではない。しかし十歳以降のことになるとわりあいよく覚えていて、担任の先生は誰だったか、とか、同じクラスの友だちのことなどをはっきりと覚えている。

その頃にこのライフスタイルで生きようという決心をする。ただしこれとて一つの目安にしかすぎない。これより後にライフスタイルが変わらないというわけではない。むしろライフスタイルはほかならぬ自分が決めるのだから、決心しさえすればいつでも別のライフスタイルを選び取ることができる。

なぜライフスタイルを本人が選び取ると考えられるのか。多くの親は子どもたちを同じように育てたと思っている。それなのに子どもたちのライフスタイルが似ているということは稀《まれ》である。子どもたちにしてみれば自分が他のきょうだいと同じように育てられたとは考えていない。

アドラーは次のようにいっている。

「同じ家族の子どもたちが同じ環境の中で育つと考えるのは、よくある間違いである。もちろん、同じ家庭のすべての人にとって共通するものはたくさんある。しかし、それぞれの子どもの精神的な状況は独自なものであり、他の子どもの状況とは違っている」(『人はなぜ神経症になるのか』一〇五ページ)

同じ親から生まれ、子どもの生育環境が同じであるのにきょうだいのライフスタイルが大きく異なるという事実は、子ども自身がライフスタイルを決めたと考えるのでなければ説明できない。

しかし、子どもたちは何の材料もなく自分のライフスタイルを決めるわけではなく、さまざまな要因が影響因として作用する。ただし、それらはあくまでも影響因なので、同じことを経験したからといって同じライフスタイルを身につけるとは限らないのである。

いつでもライフスタイルを変えられるはずだが

失恋の痛手からようやく立ち直った頃、気になる人が現れる。勇気を奮い起こして告白し、新しい恋愛が始まる。相手はこれまでの自分のことを知らないのだから、どんなふうにふるまってもいいはずである。それなのに数回も会えばそれまでの自分に戻ってしまう。最初はしおらしかったのに、わがままになってしまう。

特定のライフスタイルを選択する決心をする前はいろいろなライフスタイルを試してきているはずなのである。それなのに、いつのまにか自分のライフスタイルを固定してしまう。一度身につけたライフスタイルを変えることは容易ではない。今のままのライフスタイルであれば、次に何が起こるか想像することは容易であるが、それまでのとは違うライフスタイルを選んでしまうと、たちまち次に何が起こるか想像もつかなくなるからである。自分のことをよく知っている人が向こうからやってくる。挨《あい》拶《さつ》しなければ、声をかけなければ、と思って緊張する。ところがその人がすれちがいざまにふと目をそらしたとする。「この人に嫌われた」、このように思うことを常としている人が、ある日「いやそうではないのだ、きっとあの人は私に好意をもっていて、私と目をあわすのが恥ずかしいのだ」と思うことは容易ではない。嫌われていると思っていた時は、あきらめるしかなかったし、それ以上、関係が進むこともなかったが、相手が自分に気があるのではと思った途端、相手に何らかのアプローチをしなければならないことになるかもしれない。相手が自分に好意をもってくれるということがそれまでの人生において考えられなかった人にとって、このような事態は容易には受け入れがたい。

ライフスタイルの選択は、人生のある時にただ一度だけなされたのではない。慣れ親しんだライフスタイルを変えないでおこうという決心を不断に行っているといえる。見方を変えれば、ライフスタイルを変えないでおこうという決心をやめさえすれば、ライフスタイルは変えることができるということである。

ライフスタイルが明らかになる時

ライフスタイルは通常の状態ではわからない。学校に入学する時、また、下に妹や弟が生まれた時などに明らかになる。アドラーは、注意深い優れた教師は子どもが入学した最初の日に子どものライフスタイルを見て取ることができる、といっている(『子どもの教育』四六ページ)。

親から離れて保育所や小学校に入った時、子どもたちはとまどってしまう。それまで親は自分のために世話をしてくれていたのにさっさと帰ってしまい、他の子どもたちと過ごさなければならない。ところが保育士や教師は親とは違って自分を世話するためにだけいるわけではない。このことはすぐに子どもたちにもわかる。それまでは注目の中心にいることに成功していたのにもはやそうではないことに気づく。そこで失われた自分への注目を取り返すために保育士や教師を困らせる行動を取る子どももいる。

そもそもこういう事態に遭遇する以前に家庭で困難に直面する。きょうだいの誕生も同様の問題を引き起こす。親は時間とエネルギーの大半を新しく生まれたきょうだいに向けないわけにはいかない。親は子どもに「あなたのことをこれまでと同じように大切に思っているからね」というようなことをいうが、事実として母親は下のきょうだいに手間と時間を取られる。もはや前のようには自分のことを愛してはくれないのだ、と思うかもしれない。ことに第一子はいわば王座からの転落を経験することになる。親の愛情や注目を取り返すために、下のきょうだいの世話をして一生懸命いい子になろうとするかもしれない。しかし年があまり離れていないと思いがけず泣かせたりするといった失敗をして親に叱られるようなことをするようになれば、一転して親を困らす子どもになろうとする。

私の息子は、妹が生まれるとそれまで何でも自分でできていたのに、「できない」といって邪魔をし始めた。そういう時に、感情的になっているとは自分では思わなかったが、「どうしてお父さんは妹にはやさしく、僕には恐いの?」とたずねたことがあって驚いた。

誰かのことが好きになっていつの日か恋愛関係に入る。二人が相思相愛の仲であると思える時は何も問題は起こらない。ところがひとたび相手の心が自分から離れていこうとしていることがわかった時、心を乱し、相手の自分への不実をなじるかもしれない。自分を愛するように強要するかもしれない。電車の中で高校生のカップルが話していた。「お前はつきあった最初の頃はおとなしかったよなあ。なのに今や俺は完全に尻《しり》に敷かれている」「私がわがままだからよ。でも自分がわがままだということがわかっているからいいの」。いいか悪いかは彼が決めることではないかと思ったが、こんなふうに親しくなると最初は違うふうにふるまおうと思っていてもいつのまにかなじみのライフスタイルがあらわになる。やがて二人の関係がぎくしゃくし始めると、いよいよ関係が順調だった時には見えなかったもともとのライフスタイルがはっきりする。その時、危機的状況での相手のライフスタイルを垣間見《かいまみ》た相手は、この人とはやっていけない、と思って別れる決心をするかもしれない。

自己受容

最初の危機

私は保育園には一年しか行かなかった。母親は働いていたが祖父母が家にいて保育園に行かずに家にいることができたからなのだが、当時でも一年保育というのはめずらしかったように記憶している。祖父母に甘やかされていたので保育園に行く理由がわからなかったし、行きたくはなくて、毎日、保育園に行く行かないで祖父母を困らせていたはずである。なんとか保育園に行っても机の下に隠れ、いつまでも「帰る！」と泣き叫んでいた。冬休みに病気で入院することになった。そしてそのままう保育園には戻らなかった。

祖父の口癖は「大きくなったら京大へ行けよ」というものだった。もとより子どもの私にそのことの意味が何かわかるはずもなかった。しかし、京大に入れば大人が賞賛してくれるらしいということがやがておぼろげながらわかり始めた。具体的な意味がわかったとは思わないが、ただ一つはっきりしていたことはそこに入るためには頭がよくないといけないということだった。これは私が学校に入る前の幸せな時代の話である。

ところが小学校に入ってからしばらくしてわかったのだが、どうやら算数ができないのである。体育も苦手だったが、これは勉強ではないので大きな問題にはならなかった。そのことがはっきりわかったのが、夏休み前の一学期の終業式に通知表をもらった時だった。当時は今とは違ってはっきりと五段階の数字で成績がついた。通知表の算数の評価は〝3〟だった。〝3〟なら十分いい成績ではないかといわれたらそのとおりかもしれないが、劣等感、つまり、自分が劣っていると感じることは、実際に劣っていることではなくて主観的なものである。自分がだめだと思ったらだめなのである。

後に高校の生物の時間にリービッヒの最小律というのを学んだ。植物にとって必要なもののうちもっとも不足しているものが成長量を決めるということである。成長に必要な肥料をいくら与えても不足している肥料があれば成長はその不足する肥料に依存する。劣等感もこれと同じように他のことに自信があってもたった一つのことが十分でないと感じられたら他のことがすべてよくてもだめなわけである。

学校から校区の外れにあった家まで子どもの足で三十分かかったのだが、途中で何度もランドセルをおろしては中から通知表を出して成績を確認した。何度見ても算数の成績が〝3〟であることに変わりはなかった。大変だ、こんなことでは京大に行けないではないか……この日から苦難の歴史が始まった。

自分を計る尺度は二つある。一つは勉強ができる、できないということである。このことは小学校に入学する前はあまり問題にならない。私の場合は幸い（といっていいと思うが）祖父の励ましのほかは勉強とは無縁の生活を送ることができた。早い時期から勉強を始める子どもにとっては、小学校に入学する前でも自分が勉強できるのかそうでないかが関心事になるであろう。

もう一つの自分を計る尺度は対人関係である。友だちが多い、簡単に作れるか、あるいは、友だちが少ない、友だちがなかなかできないかが重要な問題になってくる。「友だちが少なくても、いなくてもいい」ということは既に、友だちは多いのがいいという価値観を前提にしている。

人と上手に関わっていくことができなくても勉強はできると思えたら、そんな自分をよしとすることができただろう。ところが、小学校に入ってもらった通知表を見てからは、勉強もできないのではないか、と恐れた。対人関係も下手、勉強もできないとなるとどうしていいか途方に暮れてしまった。

その後も勉強をする努力はしたが、対人関係はうまくいかなかった。というのも小学校の頃、クラスで学級委員に選ばれるためにはスポーツができて明るくなければならなかったからである。私がそう思い込んでいただけかもしれないのだが、勉強ができることは必須《ひっす》の条件ではなかった。その上、背が低いことが気になっていた。子どもは身体的特徴を捉《とら》えて平気でそのことを口にするものである。

そこで考えたのは勉強では誰にも負けないでいられるということだった。それしか自分が認められる方法はない、と思った。ただ人に負けたくない、できれば勝ちたいと思って勉強をすることになった。学ぶことに喜びを感じていたわけではない。これが勉強をするための動機としては不純であることは明らかである。

このような決心をしたにもかかわらず、実際に勉強ができたわけではなくて算数の成績がよくなかった。一歳年下の妹は私から見れば要領がよく学校の勉強もできた。努力しているように見えないのにいつもいい成績を取ってきた。そこで私は努力するのも才能のうちだ、と思ってみた。そのあとも算数、ひいては勉強全般についてずっと苦手意識はつきまとうことになった。私の娘は息子と対照的に友だちは多いのだが、勉強については担任の先生の前で「私は勉強はいいです」といってのけるのを見て驚いたことがある。そんなふうであれば悩むこともなかったのだろうが、私にとって勉強は「いいです」どころではなかったのである。

こんな自分のことが嫌いだった。自分の短所や欠点はいくらでもいうことができた。人からも指摘され、自分でもそのとおりであると納得していた。

そんな私はいざ自分の長所をいうようにといわれても、なかなかできなかった。カウンセリングにくる人は皆例外なく自分のことが嫌いだという。自分のことが好きな人はカウンセリングの必要を認めない。これまでの人生で一度も挫折《ざせつ》したことがないと豪語する人には、カウンセリングを受けることすら理解できないことなのだろう。子どものことで相談にこられる親も、子どもの短所、欠点、あるいは問題行動についてはいくらでも話す。ノートにまとめてこられることもある。

そのような場合、こちらが口をはさまなければ話が途切れることはない。そこで、ひとしきり話してもらったあとで「ところで子どもさんの長所は何ですか」とたずねると、それまで饒舌《じょうぜつ》に話していた親は口を固く閉ざしてしまう。

幼い頃より、まわりの人から自分の短所や欠点について何度も何度も聞かされてきていると、自分のことが嫌いになってしまってもしかたないともいえる。最初は外からの声だったのに、やがては内なる声となって、自分でも短所や欠点しか見えないようになってしまう。

私に与えられた棘

高校を卒業してまもなく街で中学校の校長先生に会った。先生は「一度遊びにいらっしゃい」と私に声をかけた。今思えば外交辞令で本心からの言葉ではなかったようにも思うのだが、その時の私はうれしくてその後ほどなくして先生の家を訪ねた。

部屋に入るとすぐに中学校を卒業してからのことについてたずねられたので、京都市内の学校に通っていたこと、その学校は進学校で勉強が厳しかったことなど夢中で話をした。そのうち、お酒と煙草が出された。驚く私に先生は高校を卒業したのだから、という。あ、でも私は未成年なのに、と思うまもなく酒が注がれ煙草に火が……

私は自分がもはや子どもではないと背伸びをするようなところはあったが、残念ながらこのような経験をすることで大人になったと思うほどシンプルな人間ではなかった。しかし、この時煙草を吸ったことがきっかけになってしばらく煙草を吸うことを習慣にするようになり、ほどなく心臓に痛みを感じるようになった。喫煙以外にほかに原因は思い当たらなかったので、まだ死ぬわけにはいかないと思った私は煙草を吸うのをやめた。すぐに心臓の痛みもなくなった。煙草を吸うことがかっこいいことだというようなイメージをテレビなどのコマーシャルが放送するので、大人になったことの証《あかし》として煙草を吸い始める若い人は多いのかもしれない。もしも煙草を吸うことがひどく恥ずかしいことで、見つかったらもう生きてはいけないと思うほどのことだと思われるようになったら、誰も吸わなくなるかもしれない。

何を話したかは今となってはほとんど覚えていないのだが、先生の言葉で一つ覚えていることがある。私が小柄なのを見て先生はいった。

「君は商売人には向いてない。君とは違ってもっと身体が大きくがっしりしていなければこの仕事はできない。何といっても押しが強くなければね。でも君はだめだ」

でも君にはこんなことができるというようなことをいってもらったら、この日私は先生に会えてよかったと思って気持ちよく先生の家を後にできたのかもしれないが、そんな話にはならなかった。私は前から父のように会社に勤めることはできないだろうと漠然と思っていたから、図星を指されてどぎまぎしてしまった。

この時の話が一つのきっかけになって私が生きる一つの形がわかったように思う。

人生の負け組だと宣告されたような気がした。前からわかっていたのにあらためてはっきりといわれて驚きもしたが、やはりそうだったのだとも思った。

劣等感は主観的なものなので、他の人が聞いても何だそんなことかといわれることが多い。実際、友人に相談したら「しょうもない」といわれてしまった。「それは大変だ」といわれなくてよかったと今では思うが、その時は気持ちをわかってもらえていないように感じた。

中島義道は芥川龍之介《あくたがわりゅうのすけ》の『鼻』を引いて、「(内供は)垂れ下がった鼻が自分に不幸をもたらすとしても、その鼻をもつことしか自分自身でありえないことを彼は自覚したのである」といっている(『不幸論』二〇〇ページ)。この私しか私ではないというのはよくわかる。ただし中島が「内供は、自分の「かたち」を変えて幸福になる(ふりをする)よりも、不幸であって自分自身であることのほうを選んだのである」といっていることには必ずしも賛成できない。自分自身であることは不幸ではない。それは皮相の幸福ではなく、あるいは他の人から幸福と思われることではなく、本当の意味での幸福であると考えるからである。

ホーソンの『痣《あざ》』という短編がある。主人公の科学者が妻の頬にある痣を手術をして取り除こうとする。手術は成功するが「人間の不完全さの唯一の印」である痣が彼女の頬から消えるのと同時に彼女の命そのものも失われるという話である。

『痣』や『鼻』で問題とされる身体的特徴に限ることはない。自分が短所だと思っているような性格特徴でもいいわけである。それさえなければ自分はどれほど幸せだろうと思うようなことである。しかし、自分の完全さを損なうと思えることがなくなれば人は自分自身ではなくなるわけである。

その後、アドラーの著作を読み「何が与えられているかではなく与えられているものをどう使うかが重要である」という言葉に深く納得した（『人はなぜ神経症になるのか』一〇ページ）。たしかにそのとおりで、癖があってもこの私とこれから死ぬまでつきあっていかなければならない。私という道具を他のものに置き換えることはできないということはよくわかった。

中島義道は、人はすべて傲慢《ごうまん》にならないように一つの棘《とげ》が与えられているという。パウロが「私の身に一つの棘が与えられた」といっているように（『コリント人への手紙』II 12：7）。中島はそれは当人がもっとも醜悪と感じる部分であり、自分から切り離したい、それさえなければ幸福が実現するのにと思うまさにその部分である、という（『不幸論』二〇二ページ）。それがその人固有の「かたち」を作り、その人の不幸を磨きあげる、という。

中島は続いてキルケゴールを引き、人生の目標は幸福になることではなく、自分自身を選ぶことである、という。自分自身を選ぶことが、自分自身の不幸のかたちを選ぶことにはならない、と私は考えるのだが、自分自身を選ぶことは勇気が必要であるというキルケゴールの言葉を引きながら次のように自分自身についていっていることにはうなずける。

「自分自身とは何か、それがどこかにころがっているわけではない。「そのままのあなたでいいの」という甘いささやきが表すような安易なものでもない。それは、各人が生涯をかけて見出すものだ。しかも、それはあなたの過去の体験のうちからしか、とりわけあなたが「現におこなったこと」のうちからしか姿を現わさない。とくに、思い出すだけでも脂汗が出るようなこと、こころの歴史から消してしまいたいようなこと、それらを正面から見すえるのでないかぎり、現出しない。(パウロの棘のように)あなたを突き刺すあなた固有の真実を覆い隠すのでないかぎり、見えてこない」(二〇四ページ)

中島がいうように、こういうことを見ないように考えないようにすることで幸福が成立するのであれば、私が考えている幸福もそのような安直な幸福ではない。しかし、「だから、あなたは自分自身を手に入れようとするなら、幸福を追求してはならない。あなた固有の不幸を生きつづけなければならないのである」(二〇四ページ)という結論には私は与《くみ》することはできない。不幸に見えても実は本当の幸福をこそ人は追求するべきである、と私ならいいたい。

それでも自分を好きになれるか

　ではどうすればいいのか。大切なことは、この道具をどうやって使いこなすかということを知ることである。いわば自分というこの道具を使いこなすにはどうすればいいか考えなければならない。そのためには、まず最初に自分という道具を好きにならなければならない。自分の中にある棘が自分を生かすものであることを知らなければならない。自分を嫌いだと思っていると、そもそもそれを使いこなそうという気にならないだろう。

　短所は長所として生かすことができる。あるいは、短所と長所が別々にあるわけではなくて、短所と思われている資質はそのまま長所として生かすことができる。人間の短所をいわば出っぱっている角《かど》のようなものだと想像すれば、その短所を取り除いてはいけないだろう。たとえそうすることができたとしても、たしかに角のないまるい人になるかもしれないが、角を削った分、人としてのスケールは小さくなる。何よりも短所を矯正してしまえば、人は「一角《ひとかど》の人物」にもなれないことになる。

　では、どうすればこのような今の自分を受け入れ、自分のことを好きになることができるだろう。自分についての見方を変える、あるいは短所だと思われている資質を違ったふうに見ることによって自分を受け入れることができるようになる。

ある日突然、それまでとは違った人になるのは、不可能ではないがむずかしい。控えめな人が一夜にして能天気な明るい人になることは実際問題としてはむずかしい。

このように変わることよりも、むしろ、自分についての見方を変える方が容易であり、そうすることによって結果的にはまわりの人にもはっきりとわかるほど変わることがある。

もしもこのようにして変わるとすれば、そのための出発点をまず確保することからすべては始まる。変わりたいという人は多くの場合、足もとを見つめず、いわば梯子《はしご》もかけないで飛びあがって高い所に登ろうとしているように見える。

受け取り方一つで性格が変わったわけでもないのに、同じ性格が短所にも長所にもなる。逆のこともありうる。かつては長所だったこと、例えば、きちんとして几帳面《きちょうめん》であるのが好きだと思えていたのに、ある日細かいことにこだわってうるさい人だと思うようになる。また、おおらかなところが好きだったのに、無神経な人と思えるようになることもあるのである。

暗いのではなくてやさしい

私は対人関係が上手ではなかったので、そんな自分のことを「暗い」とずっと思っていた。暗い自分を受け入れることはむずかしい。私はやがてこんなふうに考えるようになった。

これまで人にひどいことをいわれ嫌な思いをしたことがあった。しかし、少なくとも故意に人を傷つけるような言葉をいったことはないのではないか。いつも人の気持ちのことを考えていて、こんなふうにいったらその言葉を相手はどう受け止めるかということに心を配ってきたではないか。こんな私は、実は〈暗い〉のではなくて〈やさしい〉といっていいのではないか、と。

このようにして、この自分のことを受け入れることができた人だけが、他の人からもあなたのことを好きといってもらえる。自分すらこの自分を好きになれないのなら、誰があなたのことを好きになるというのか。

中島が、人はすべて傲慢にならないように一つの棘が与えられているといっていることはよくわかる。ずいぶんひどいことをいわれてもいい返したり、他の人が嫌がるようなことをすんでいうことはなかった。自分の言葉がどんなふうに相手に聞こえるかということを意識できるようになったことをよかったと思う。

ただし仮に「棘」がなかったらはたして傲慢になっていたかというとそんなことはなかっただろうとも思う。そんな自信はなかったし、むしろ自信がなかったからこそ、

「棘」は私が対人関係につまずくことを正当化する理由として機能していたように思うのである。こんな自分だから他の人との対人関係がうまくいかなくてもしかたがない、なにしろ私には「棘」があるから、と考えた。こんなふうに考えて積極的に人と関わっていこうとしなかった。

小学校六年生になって生徒会のような活動に参加しようと思ったことが、今となっては不思議である。それまでは目立たないでいることを願っていたからである。勉強は「棘」の補償として機能してきたが、この頃自分が大きく変わったのを知った。

このままの私でいいのか

中島は「『そのままのあなたでいいの』という甘いささやき」という表現をしているが（『不幸論』二〇四ページ）、今のこのままの自分がいいかどうかはむずかしい問題である。そんなふうに今の自分を肯定してしまえば、それ以上、人は成長しようとすることはないのではないかという考えもある。

五木《いつき》寛之《ひろゆき》の『大河の一滴』の映画化の宣伝に「人間は、『生きている』、ただそれだけで値打ちがあると思うのです」というのがあって、池田晶子はおかしいと指摘している（『ロゴスに訊け』一一六〜一二一ページ）。

論理的には次の問題がある。「ただそれだけ」というのは、文字どおり「ただそれだけ」なのだから「値打ちがある」「値打ちがない」の価値判断以前の、単なる事実をいうはずである。

ところが、「ただそれだけ」といっておきながら、同時に「それが価値である」といっているのだから、「ただそれだけであることが価値である」、すなわち「価値でないことが価値である」といっていることになる。これは論理的におかしい。

次に、ここでかっこ付きでいわれる「生きている」は、文法的に後続する「ただそれだけで」と同格だから「生きている」の意味内容は、物理的存在として生きている、生存しているという意味である。

そこで、「人間は、「生存している」、ただそれだけで値打ちがあると思うのです」という意味になる。はたしてそうなのか、と池田はいう。ソクラテスの「大切なのは、ただ生きることではなく、善く生きることだ」という言葉を引きながら、池田はただ「生存している」ことには価値がない、善く生きている人だけが生きている価値がある、といいたいのである。

しかし、池田のいおうとすることは理解できるが、実際問題としては、なかなかむずかしい問題をはらんでいると思う。

私の母は脳梗塞《のうこうそく》で倒れ、意識を戻す兆候が一切見られなくなった。はたしてそのような母はただ生存しているだけなのだから、生きている価値はなかったのか。

本人だけはこの問いに答えることができる。私はそんな状態では生きる価値がないので、延命のための措置をやめてほしい、と。しかしその時、当の本人は意志表明することはできない。そんなふうになる前に意志表明をしておけばいいという考えもあるだろう。しかし、実際自分がそのようになる前に予想していても、いざそうなった時に延命措置をやめてほしいなどといわなければよかったと思うかもしれないということはありうることである。

池田は生存するという言葉を狭い意味で使っていて、このような意識のない、さらには脳死状態の患者のことを念頭においていないのかもしれないが、考えなければならない問題だろう。

本人はいえるかもしれないが、家族はいえない。ただ生きているだけだからもう死なせてやってくださいとは……きっとそういう判断をしたらずっと後悔するだろう、と母の病床で考え続けた。

ただ生きていることを零点としてイメージすれば、どんなことでも加算法で見ることができるという話を私はよくする。これは家族（まわりの人）の視点からいっていることである。まわりの人について、その人のありのままを認めるということは必要なことである。子どものことで悩んでいる親は悩むことで子どもが親の理想ではないことを非難している。今がどんな状態であれ親としては今のそのままの子どもを受け入れるしかないというのに。

しかし、「私」の視点からは、今のこの自分のままでいいかといえばよくないかもしれないのである。生き方についてもよりよい生き方を求めることは必要であろう。ソクラテスのいう「大切なのは、ただ生きることではなく、善く生きることである」とは、「私」の視点からいえることである。

ただ、出発点としては今のこの私しかないのであって、現実の自分を見据えずにいきなり理想の自分を目指して、理想に到達しない現実の自分を感情的に責めることは意味がない。理想はあくまで理想であって、現実とは異なるということをはっきりと意識することは必要である。やがて、変わっていかなければならないが、まずは出発点として、今のありのままのこの自分を受け入れることから始めたいということである。

また、今のこの私を受け入れることができないとしたら、世間的な価値観に照らしてのことかもしれない。そのような価値観とは違った価値観もあって、それに照らせば自分のことを受け入れることができるかもしれない。

中島は「欠点」について次のようにいっている。

「「自分自身になる」ことを目指す人は、一度徹底的に自分のいわゆる「欠点」を見据えることが必要だ。「欠点」とは社会的不適応と言い換えることができ、つまり社会制度が勝手に決めたこと。よってそれ自体として「悪」であるわけではない。むしろ「善」になりうる力を秘めたものだ、と知ることが必要である」(『哲学者のいない国』五七ページ)

ニーチェの『この人を見よ』の副題は「ひとはいかにして本来のおのれになるか」である。欠点といわれていることを矯正し社会適応を目指すことがよく生きることを意味するのではない。

「哲学は「よく生きる」ことにかかわりますが、それは人生で成功する方法とか、幸せになる方法とか、そういうんではない、常識や科学とは一段ずれたところで生きることを考えることです。これが人生論と違うところだと思うんです」(『たまたま地上にぼくは生まれた』一二一ページ)

他者信頼

他者との関係の中で

第2章でも見たように他者のことは決して無視するわけにはいかない。他者との関係を離れて人は生きていくことはできない。アドラーは「自分への執着」(Ichgebundenheit) が個人心理学の中心的な攻撃点である、という (*Alfred Adlers Individualpsychologie*, S.122)。他者の存在を認めず、あるいは認めても自分が中心に世界がめぐっていると考える人がいる。しかし、他者の存在を認め、他者との良好な関係なしに自分一人だけが幸福になることはできない。

また、たとえ自分のことを受け入れることができても、まわりの人は隙があれば私を陥れようとしている敵である、と考えていたのでは、そのような人のライフスタイルは健康とはいえないし、幸福であることもできないだろう。

人々は私の〈仲間〉である

大阪であった児童殺傷事件の宅間守被告は「世の中、全員が敵だった」といった。たとえ一人でも仲間といえる人に会っていたとしたら、人生は変わっていたかもしれない。

アドラーは「仲間」という言葉を使っている（和辻哲郎は「日本語のなかまに『仲間』という漢字があてはめられることによっても明らかなごとく、なかまは一面において人々の中でありつつ、しかも他面においてかかる仲や間における人々なのである」と注意している。『人間の学としての倫理学』三ページ）。原語のMitmenschenという言葉は、人と人とが切り離されているのではなく、結びついて（mit）いることを表している。この言葉は「隣人」（Nächster, Nebenmenschen）とほとんど同じ意味で並べて使われる。

これの対義語は、いつも自分のことばかり考え共感することがない自己本位な人、エゴイスト、敵である。このうち「敵」を意味するGegenmenschenは、人と人とが対立している（gegen）という意味である。まわりの人が私と対立する敵であれば、積極的な人はやられる前に攻撃しなければと考えるかもしれない。人に対して敵対的であり、敵国の中にいていつも危険にさらされている、と考えている（『個人心理学講義』六三ページ）。消極的な人であれば、自分は人から嫌われている、私さえいなければみんなもっとうまくやっていけるかもしれない、というようなことを思うかもしれない。

また、自分のことにしか関心がなく、外界を困難で他の人は私の敵であると見なしている子ども、「自分のことだけを考えよ」といわれてきた子どもがいる（『子どもの教育』七三ページ）。自分のことばかり心配しているので、他の人のことを考えることができない。自分は犠牲者であると感じている人も、過去をふり返って自分のことばかり考えているのである。

電車に乗ったら皆が自分を見ているという人がいる。注目されることを恐れるというよりも、むしろ思うような注目を得られないことを恐れているように思える。アドラーは広場恐怖症の人についてこんなふうにいっている。この症状は危険に満ちている外へ出かけないために創り出されるという面はあるが（*What Life Could Mean to You*, p.55, 229）、次の指摘は興味深い。

「取り除かなければならない最後の障害は、彼のことを気にかけない人、例えば、通りを行く人と交わる恐れを取り除くことだった。この恐れは、自分が注目の中心でないあらゆる状況を排除するという広場恐怖症の疑い深い恐れによって生み出されるのである」（『人はなぜ神経症になるのか』一一六ページ）

人が自分に注目するがゆえに外に出かけることができなくなるというのではなく、外に出れば誰も自分のことに注目してくれないという事実に直面することを回避したいわけである。家にはこの人のために仕えてくれる人がいるので、不安感は消える（*What Life Could Mean to You*, p.43）。

このように考える人は、他の人が期待どおりに動いてくれるのでなければたちまち攻撃的になるかもしれない。まわりの人が自分を援助してくれるとすれば、それはその人の好意や善意であって決して義務ではないのに思い違いをしている。

たしかにまわりにいる人でむずかしい人はいないとはいわない。先にも見たように「人間の悩みはすべて対人関係の問題である」とアドラーもいうくらいである（『個人心理学講義』一三二ページ）。新聞やテレビで報道される事件を見ても、この世界は危険なところで、人は仲間どころではないようにも思えることがある。すべての人がいい人でこの世界は安全なところであるとは決していえない。だからといって、この世界を悲観的な言葉で描写することも、他方、世界は薔薇《ばら》色であるというのも避けるべきだ、とアドラーはいう（『子どもの教育』八九ページ）。まわりの人がすべて「敵」だと考えるのと、そのような人はむしろ例外で多くの人は自分を援助する用意がある「仲間」であると考えるのでは、人生はずいぶんと違ったものになってくるだろう。

味方だった母

私の母は大学に行きたかったのだが、親が反対した。女は大学に行くことはないというのが理由だったと聞いているが、親の意に逆らってまで進学はできない事情があったようだ。経済的事情もあったかもしれない。母は旧制の女学校に行っていたが、ちょうど新制高校に切り替わる過渡期に高校教育を受けている。戦時中のことで、なぎなたを習っていたという話を聞いて驚いたものだ。

こんなことがあって母は、子どもには教育を受けさせたいと強く願っていたようである。私が中学生になった時に、学校の先生に家庭教師をつけるようにといわれた時は、今思えばずいぶん無理をしてくれたのだろう、高い家庭教師代を捻出《ねんしゅつ》してくれた。この時家庭教師にきた人が文学部で仏教を学んでいる人だったことが親にしてみれば大きな誤算だったかもしれない。父はサラリーマンだったので私も漠然と父のような人生が待っていると思い、かつ、絶望していたが、父とはまったく違った生き方があることを知って、それまでにまして勉強するようになった。しかし当時は家庭教師についている友達はいなかった。それどころか塾に行っている人もほとんどいなかったので、卒業するまで家庭教師について勉強していることを内緒にしていた。

進路のことは特別何もいわなかったが「弁護士にだけはなるな」と母がいったことは覚えている。人生の裏側を見ていかなければならない仕事はやめろ、といったのである。弁護士という仕事がはたして母のいうようなものかはともかく、今私がしているカウンセラーという仕事は母が望んでいなかった仕事かもしれない。母が生きていたらはたして何といっただろうと思う。

高校生の時、担任の先生が母に哲学の本を読ませないようにいった。母はその時「本人の好きなようにさせてください」といって帰ってきた。

その頃、父は面と向かって私に進路について何もいわなかった。しかし私が哲学を専攻しようとしたところ、父はそのことには難色を示した。父は自分で直接私にいわずに母に語らせようとした。父が哲学がどんな学問か理解していたとは思えないが、あながち的外れな反対ではなかったと今になるとわかる。父はもっと実利的な学問を学ぶことを望んだのである。

母は父の言葉を聞いて即座にこう答えた。

「あの子がすることはすべて正しい。だから見守ろう」

母とて哲学のことを知っていたわけではないが、専攻を決めることは子どもの課題であることを知っていたのであろう。母からの影響は今も大きい。母は私にとって大切な仲間だった。私は子どもたちに対して母のように接することができるのか、といつも思う。母は私にとって親としてのモデルになっている。

貢献感

貢献感をもてるということ

自分のことを受け入れることができ、他の人も信頼でき、仲間だと思えるとしても、自分がまったくの役立たずと思っているとしたらどうだろう。このように思うことは幸福になることを妨げる。与えられるだけではなく与えること、受けたものがあれば返すことも考えたい。何らかの形で与える人だけが与えられるので、ただ受け取ることしか考えない人は何も与えられない。この人は私に何をしてくれるのかということばかり考えている人のまわりからは、友だちは一人減り二人減り、やがて誰もいなくなってしまうだろう。

アドラーは先に見たように、自分への執着（Ichgebundenheit）という言葉を使う。何とかしてこの自分への執着を超えて、この世界には仲間である他者がいること、さらには他の人に貢献できるようになること、そのように他の人に貢献できる自分のことを受け入れるようになることが、人が神経症的なライフスタイルから脱却することを可能にする。

アドラーは「仲間」（Mitmenschen）という言葉からMitmenschlichkeitという言葉を使っている。「仲間（Mitmenschen）であること」という意味である（fellowmenship, Solidarität）。人は一人で生きているわけではなく、他の人と結びついて（mit）いる。自分のことだけを考えるのではなく、他の人のことも考えることができる。他の人は私を支え、私も他の人とのつながりの中でただ与えられるだけではなく、他の人に貢献することができる。私と他の人とは相互協力関係（interdependence, Sicher, p.7）にある。

このMitmenschlichkeitという言葉で意図されていることを、アドラーはより一般的にはGemeinschaftsgefühlという言葉で表現する。日本語では「共同体感覚」と訳されるが、アドラー派の中でも議論の多い概念である。ここでいう「共同体」という言葉は、さしあたって自分が属する家族、学校、職場、社会、国家、人類というすべてであり、過去・現在・未来のすべての人類、さらには生きているものも生きていないものも含めたこの宇宙の全体を指している。アドラーは既存の社会を念頭には置いていない。「到達できない理想」という（*Individualpsychologie in der Schule*, S.112）。社会適応を目指しているわけではないのである。

人は通常複数の共同体に属している。もしも今、現に属している共同体の利害を優先した方がいいのか、それに対してノーというのがいいのか判断に迷った時はより大きな共同体を考えよ、とアドラーはいう。時には既存の社会通念や常識に対して断固としてノーといわなければならないことがある。ナチスに対して態度を決定することを迫られ、ノーといった多くの人は、収容所で亡くなった。ソクラテスもアテナイというポリスを越えた「世界人」だった。

私とあなた

他方、私の理解では「共同体」の最小構成単位である「私とあなた」こそ重要である。このドイツ語のGemeinschaftsgefühlは、いろいろな英語に翻訳された(communal sense, social sense, social sense など)。もっともアドラーが好んだといわれるのは、social interest という言葉である。この訳語の利点として、「『関心』(interest) は『感情』(feeling) や『感覚』(sense) より行為に近い」ということが指摘される(Ansbacher, Introduction. in *The Science of Living*, p.xii)。受動者としての個人よりも行為者としての個人が強調される。

著作のある箇所で、(they) cease to be interested socially というところがあり、私

はこれを「共同体感覚を持つのをやめる」と訳したのだが（『個人心理学講義』四五ページ）、その意味は「社会的に関心を持つのをやめる」あるいは「対人関係に関心を持つのをやめる」ということである。つまり、他の人に関心をもたずに自分のことに関心をもつということである。このことの逆、すなわち、他の人のことに関心をもつということが、共同体感覚をもつということの意味である。

そして、その最初の他の人が「あなた」なのである。時間的にも空間的にも無限の共同体は想定することはできるが、目の前にいる今の時間を共有する「あなた」と「私」との関係とは別に共同体はない。

『カラマーゾフの兄弟』の中でゾシマ長老がある人の言葉としてこんなことをいっている。

「自分は人類を愛しているけれど、われながら自分に呆れている。それというのも、人類全体を愛するようになればなるほど、個々の人間、つまりひとりひとりの個人に対する愛情が薄れてゆくからだ」（ドストエフスキー『カラマーゾフの兄弟』一〇七ページ）

人類のためなら十字架に架けられても近くにいる人に対してはちょっとのことで憎んでしまう。

「個々の人を憎めば憎むほど、人類全体に対するわたしの愛はますます熱烈になってゆくのだ。と、その人は言うんですな」

目の前にいるあなた、この人、あの人を離れて人類というものがあるのではない。

自己犠牲ではない

与えられるだけではなく与えること、受けたものがあれば返すということは、「ギブ・アンド・テイク」ということではない。これだけのことをしてあげるからこれだけのことをしてちょうだい、あるいは、これだけのことをしたからこれだけのことをして、というのはビジネスの話である。貢献という言葉が政治の世界では手垢《てあか》にまみれた言葉になってしまったので、貢献という言葉を使うことを躊躇《ちゅうちょ》してしまうが、貢献は見返りを求めない。

アドラーが共同体感覚や協力について話した時、質問を受けた。「他の人は誰も私に関心を示さないではないか」。アドラーの答えは単純明快だった。「誰かが始めなければならない。他の人は協力的ではないとしても、それはあなたには関係がない。私の助言はこうだ。あなたが始めるべきだ。他の人が協力的であるかどうかなど考えることなく」。

このようなことは他の人に強要することはできない。実践するかしないかは個人の課題なのである。

自己犠牲的な生き方がいいというのではない。アドラーは「社会に過度に適応した人」というい方をする（『子どもの教育』一六三ページ）。与えることは重要な資質であるが、行きすぎてはいけない。また、こんなふうにもいっている。「人が本当に他の人に関心を持ちたいと思い、公共の目的のために働きたいと思うのであれば、まず自分自身の世話ができなければならない。与えるということが何か意味をもっているのであれば、自分自身が何か与えるものを持っていなければならないのである」（一六三ページ）。自分のことを省みずに他の人に与えるだけということはありえないのである。

自己犠牲的な行動や生き方はたしかに美しい。しかし他の人にもそうするように勧めることはできない。

フランシスコ修道会のコルベ神父は、アウシュビッツの収容所で餓死刑の囚人の身代わりになって亡くなった。逃亡者が出た。十人がその身代わりに死刑になることになった。一人ずつ身代わりになる人が選ばれていった。その時、

「可哀そうに。女房も子どもも、さようなら」

と、一人の男が両手で頭をかかえて泣いた。一人の男が司令官の前に歩み出た。

「私はこの中の一人と代わりたい」

「誰のために死ぬつもりだ」

「妻子があるといった人の」

「一体お前は誰だ」

「カトリックの司祭です」

殉教後、神父の名のもとに多くの不治の病に罹《かか》った人が癒され、後に神父は聖人に列せられた。コルベ神父の行為は美しいが、そのような状況であなたも身代わりになって命をさしだしなさいと強いることはできない。コルベ神父のように、身代わりを申し出ることができなかったとしても誰もその人を責めることはできないだろう。

私ができること

チェリストのジャクリーヌ・デュ・プレのことを思い出す。

デュ・プレの音楽への評価は大きく分かれる。絶賛する人がいる一方で、その情熱的な演奏を好んでも毎日聴こうという気にはならないという人もいる。ドボルザークのチェロ協奏曲は、長いオーケストラによる序奏の後、チェロのソロが始まるが、デュ・プレの演奏する最初のフレーズに驚嘆してしまった。学生の頃、オーケストラでホルンを吹いていたので、一度は演奏したいと願っていたが、その美しいホルンのソロを演奏する機会にはとうとう恵まれなかった。その後も何度もチェロ協奏曲を好んで聴いてきたが、デュ・プレの演奏は、それまで知っていたどんな演奏とも違っていたのである。

また、エルガーのチェロ協奏曲（バルビローリ指揮、ロンドン響）の演奏は、とても二十歳の女性の演奏とは思えない。技巧だけで弾けるような曲ではないが、年を重ねて円熟味を増したらどんなものになっていただろう、と思う。

デュ・プレが多発性硬化症に倒れたのは二八歳の時だった。あるコンサートの日、突如として腕と指の感覚を失ってしまう。

九歳の時に姉に予言している。

「ママにはこれ内緒だよ。私、大人になったら……、歩くことも動くこともできなくなるの」（ヒラリー・デュ・プレ／ピアス・デュ・プレ『風のジャクリーヌ』八三ページ）

これを読んで森有正の『バビロンの流れのほとりにて』の冒頭にある次の言葉を思い出した。

「一つの生涯というものは、その過程を営む、生命の稚ない日に、すでに、その本質において残るところなく、露われているのではないだろうか。僕は現在を反省し、また幼年時代を回顧するとき、そう信ぜざるをえない」（『森有正全集』第一巻、三ページ）

デュ・プレは、早くから自分の音楽生活が短命に終わることを知っていたのかもしれない。

長い闘病生活の後に亡くなったのは四二歳だった。発病後はチェリストとしての活動はできなくなるのだが、この若すぎる「晩年」をデュ・プレはどんなふうに生きたかが、姉と弟が書いた伝記を読んだ時の一番の関心事だった。

非運は彼女を打ちのめすことはなかった。たしかにチェリストとしてのかつてのような活動はできなくなったが、打楽器奏者として舞台に立ったこともある。プロコフィエフの『ピーターと狼』の朗読を務めたこともある。可能な限り舞台に立ち続けたことを、伝記は教えてくれる。もとより、気持ちの揺れはあった。常軌を逸したと思われる行動もあった。

しかし、晩年のデュ・プレの生き方を知って、ひょっとしたら音楽家としてもさることながら、それ以上に一人の人間として、原因も治療法もわかっていない病に屈することなく人生を生き抜いたという意味で、デュ・プレの人生そのものが「後世への最大遺物」（内村鑑三《うちむらかんぞう》）ではなかったか。「芸術のための芸術」と「人生のための芸術」という言葉がある。デュ・プレの晩年は、後者を具現するものだったといっていいだろう。

アドラーはいっている。

「天才は、何よりも最高に有用な人である。芸術家であれば、文化にとって有用であり、あまたの人の余暇の時間に輝きと価値を与える。そして、この価値は、単なる空虚な輝きを放つものでなければ、本物であり、高度の勇気と共同体感覚的直感に依存している」(『人はなぜ神経症になるのか』四三ページ)

代わりがきかないこと

仕事であれば自分の代わりになる人がいることはありうる。自分がいなければきっと職場はたちまちまわらなくなるだろうと思っていたところそんなことはなく、自分がいなくても何の問題なく会社が機能していれば自分の価値について自信を失うということはあるかもしれない。誰もが自分に代われない、ただこの私だけがこの仕事ができると思えるとしたら、あとにも言及する天職というべき仕事ということになる。

対人関係では私の代わりになる人がいては困る。鷲田清一は、人間が恋愛が好きなのは、恋愛がこの世の中で、自分が代わりがきかない人間だということをわからせてくれる唯一の経験だからである、といっている。恋愛においては、相手に代わりはいない。他の人が代わりになりうるなら、そういうのは恋愛とはいわない。鷲田が、「恋愛の三角関係で選ばれなかったほうが傷つくのは、「私でなくてもよかったんだ」

ということをはっきり突きつけられるからです」（『働く女性のための哲学クリニック』三七ページ）といっているのはそのとおりだと思う。

中島は「愛は科学とは絶対相いれない」という（『哲学の教科書』一一四ページ）。愛は「典型的に個物の個物性に興味を抱く」ことであり、愛する対象は個物である。それなら愛する理由をいうことはできない。厳密にはこの人を愛するいかなる理由もいうことはできない。外面的なことや学歴とか社会的な地位などのような愛する理由がなくなっても「なおそれでも「愛する」ところに愛情物語の神髄はある」（一一五ページ）のである。

しかし、他の人に肯定され承認されるということはうれしいことだが、肯定され承認されることは対人関係にとって必ずしも必須のことではない。神谷美恵子はこんなふうにいう。

「愛に生きるひとは、相手に感謝されようとされまいと、相手の生のために自分が必要とされていることを感じるときに、生きているはりあいを強く感じる」（『生きがいについて』六四ページ）

自分の幸福だけでなく

ジッハーは次のように論じている。人は世界から切り離しては存在することができず、どんな形であれ世界に影響を与えないわけにはいかない。ちょうど海に小石を投げ入れると、その時できた波紋はやがて消えてしまって見えなくなっても影響を及ぼし続ける（Sicher, p.11）。人はこのような意味で「全体の一部」であるから、自分の幸福だけでなく、全体の幸福を考えなければならない（p.7）。

先に自己理想について見たが、自己理想が、自分と世界についての適切な信念に裏づけられている限りにおいて、貢献的に生きることは可能である。優れていたいという自己理想をもつ人が、自分の能力に自信がなく、劣等感を過剰に補償しようとして競争しようとするならば、貢献は思いもよらないことだろう。自分のことしか考えていないからである。

アレクサンドロス大王が師のアリストテレスに宛てた書簡がある（プルタルコス『プルタルコス英雄伝』一五ページ）。アレクサンドロスは倫理学や政治学の教授を受けただけでなく、口伝とか秘伝と呼ばれ多くの人には公開しない秘密の深奥な教えも受けた。ところが後にアレクサンドロスがアジアに渡ってから、それらに関するいくつかの論説が刊行された。アレクサンドロスはそのことを知ってアリストテレスに書簡を送っている。

「アレクサンドロスよりアリストテレスへ。ご健勝のことと存じます。先生が口伝の論説を公になさったことはよろしくないと思います。と申すのは私が教わった論説がすべての人々共通のものとなれば、私は何において他の人々と異なることになるでしょうか。私は権力によるよりも最高の知識によって他の人々にすぐれたものとなりたいのです。敬具」

知識は共有のものである。他者に勝つことを目的とする個人的な優越性の追求は有害以外のなにものでもない。デュ・プレの音楽への思いとは違う。アレクサンドロスは自分のことしか考えてなかったように思われる。

人に喜んでほしいという自己理想をもつ人がいるとする。森有正はこんなふうにいっている。

「仕事というものはいったい誰のためにするのだろう？　仕事自体のため、と答える人もいるし、自分自身のため、という人もある。どちらも決して本当ではない。仕事は心をもって愛し尊敬する人に見せ、よろこんでもらうためだ。それ以外の理由は全部嘘だ」（『森有正全集』一巻『バビロンの流れのほとりにて』、六二ページ）

森は、すぐあとで「中世の人々は神を愛し敬うが故に、あのすばらしい大芸術を作るのに全生涯を費やすことができたのだ」と書いているので、仕事を恋人に喜んでもらうためにするというようなことは意図されていないのかもしれないが、個人的な、あるいは私的な理由で仕事をする人でも、自分には能力がある、と思い、まわりの人を仲間だと見ていれば、その仕事は他者に貢献するものになるであろう。

返すこと

こんなふうにして人に何らかの形で貢献できれば、と思うのだが、目の前にいる人に受けたものを返すことができないことがある。

学生の頃、ギリシア語の読書会に参加していた。関西医科大学の森進一先生の自宅で開かれていた。大学の医学生や医師のほか、私のような他大学の学生や大学院生も参加していた。父に「ギリシア語を教えてもらえることになった」と話したところ、「月謝はいくらだ」と父はたずねた。「それは聞いてないけど、たぶん取っておられないと思う」と答えたら「世の中にそんな甘い話があるわけはない。今すぐ電話をして聞け」と叱られた。父の言葉を待つまでもなく見返りを求めずにただ与えてくれる人が世の中にいるということは驚きであり、どうしたものか困惑していたのである。

電話してたずねたところ、先生の答えは次のようなものだった。「もし君より後進の人でギリシア語を学びたいという人があれば、今度はその人に君が教えてくれればいいのだよ」。私はそういうわけでその後何人もの後進の学生に個人的にギリシア語やラテン語を教えたり、やがて大学でもギリシア語を教えるようになった。

親になってわかるのだが、子どもに何かを返してもらおうとは思わない。私も親から受けてきたものを返せているとは思わない。母には返そうと思ってみても、もうこの世にいないのである。直接親に返せなくてもその分、子どもに返せたらと思う。また子どもでなくても何らかの形で社会に返せたら、と思う。

宮沢和史の「いつもと違う場所で」という歌では、あなたは私と結ばれ、あなたはさらに別の誰かと結ばれ、めぐりめぐってその誰かが私と結ばれてそんなふうにして私が生かされているという意味のことが歌われている。そのようなつながりの中で誰かに与えることがめぐりめぐって私に返ってくることがあるかもしれないし、ないかもしれない。

精神科のデイケアのスタッフとして働いていたことを先に書いたのだが、このデイケアには昼間、過ごす場所がない患者さんたちが通ってこられていた。患者さんたちと一緒に買い物に行って昼食を作るのが私の仕事だった。比較的元気な人たちと買い物に行ったり料理を作ったりするのだが、大半の人は調子がよくなくて横になって手伝おうともしない。しかし料理を作っている人はそんなことを意に介さず、皆喜々として料理に励み、食事の用意ができると手伝った人もそうでない人も一緒になって楽しく食事をした。働かざるもの食うべからずというようなことは誰もいわなかった。きっと自分もいつなんどき調子が悪くなって手伝えなくなるかもしれないが、その時は仕事を免除させてもらうことにして、元気な時は手伝うということが暗黙に了解されているのだろうか、と当時思っていた。

ここで書いたようなことは、すべて私の決心であって他の人にそうしなさい、そうするべきだと勧めているわけでは必ずしもない。先にも書いたように他の人がどうするかは問題にならないのである。誰かのためではなく自分のために、自分の得になるように（それが「善」の本来的意味である）動いていい。ただ自分の得になるためには全体の幸福を念頭において行為することが必要になるということがあるといいたい。しかし繰り返して強調するが、自己犠牲を勧めるわけではない。どうすることが自分にとって得になるかは、結局のところ個々の状況で自分で確かめていくしかないのであって、道徳としていわば上から下へと与えるというようなことがあってはならないと思う。

全国の小中学生に配布される『心のノート』がある。これは教科書ではなく（だから検定はない）著者名も明記されていない。これの小学校五、六年用にはこんなことが書いてある（五二〜五三ページ）。私たちは多くの人に支えられて生きている。「あ

なたには、そのようなすべての人たちに感謝の気持ちがありますか？」このあとに二ページにまたがって大きな活字で、

「ありがとう」って言えますか？

下のボタンに軽くふれてください
とあって左ページには「はい」、右ページには「いいえ」のボタンがある。

どちらを押してもよさそうなものだが実は仕掛けがある。次のようなコメントが書いてあるのである。

「はい」と答えた人は、これからももっと自分を支えてくれる人々に感謝を。

「いいえ」と答えた人は……私はこの後のコメントを読んで驚いた。「いいえ」と答えた人は、あらためて自分のまわりを見まわしてみて、ときどきこのページを開いてボタンとにらめっこしてみましょう。迷っている人は、その理由を考えてみよう。あなたの心には、必ず「はい」のボタンにふれようとする「あなた」がいます。

「はい」が正解で「いいえ」は間違いである。しかし、間違いを押した人の心の中にも「必ず」「はい」のボタンにふれようとする「あなた」がいる……のだそうである。子どもたちに考えさせるというよりは価値観の押しつけのように私には思える。

第4章　幸福の位置

哲学者たちは世界をさまざまに解釈したにすぎない。
大切なことはしかしそれを変えることである。
（マルクス「フォイエルバッハに関するテーゼ」
エンゲルス『フォイエルバッハ論』付録）

抽象的思考と具体的思考

抽象と具体

前章では、人生が複雑なのではなく私が人生を複雑にするような意味づけをしているのであり、そのような意味づけとしてのライフスタイルを変えることができるのか、ライフスタイルのあり方について見た。本章ではさらに意味づけそのものについて考察することで、ライフスタイルの変化が世界を変え、生き方を変えることを可能にするか、あるいは、人が幸福に生きることができないとすればなぜなのかを明らかにしたい。

第3章で見たこの世界についてシンプルな意味づけをするということの意味は、現実を構成する諸要素を抽象することではない。数ある条件からわずかな条件を抽象すればたしかに世界はシンプルに見えるかもしれないが、そのようなことをジッハーはいっているのではない。

木の枝に五羽の雀が止まっているとして、そのうちの一羽を鉄砲で打ち落としたら雀は何羽残るかという問題は、算数や数学であれば四羽ということになるが、実際には鉄砲の音に驚いて一羽も残らない。しかしそのような事情は数学においては考慮されない。「抽象」というのは、このようにものの一面だけを取り出して他の面を切り捨てることである。抽象することができなければ、例えば、「りんご三個とみかん二個を足したらいくつになりますか」という問題を前にした時（今はこんな問題はないだろうが）、りんごとみかんを足すということの意味がたちまちわからなくなるだろう。

シェリー・タークルの『接続された心』に、心理学者キャロル・ギリガンの理論が紹介されている（七七〜七八ページ）。ハインツという男性の妻は死に瀕《ひん》している。命を助けるためには薬が必要である。しかし彼にはお金がない。彼はどうすればいいのか。

妻の命を救うために薬を盗むべきか。これを「ハインツのジレンマ」という。

十一歳のジェイクはこの「ハインツのジレンマ」を「人間の出てくる数学の問題のようなもの」と考えた。ジェイクはこう考えた。「ハインツは薬を盗むべきだ。なぜなら、人間の命は金よりも貴いから」。二つの道徳的悪の量的比較と受け止めたわけである。これは「抽象」思考である。

十一歳のエイミーは、この問題を限定している形式の枠を外し、新たな要素を導入した。自分にもおそらく妻がいるであろう薬屋を話に登場させたのである。すなわち、「ハインツは薬屋に事情を話すべきであり、そうすれば薬屋はきっと人を死なせたくないと思うはずだ」とエイミーは考えたのである。

このような抽象性は、数学だけにとどまらず、具体的なことを取り扱っていると考えられる経済学や政治学においても根本に認められるものだ、と田中美知太郎《たなかみちたろう》はいう（『田中美知太郎全集』第二巻「哲学とその根本問題」、一一～一二ページ）。このような抽象性のゆえに、実際問題の処理や批評において経済学者や政治学者がいうことがまったくの抽象論で何の役にも立たないということはよくある。しかもこの抽象性をすぐにははっきりと認めることができないので危険なのである。

この世界を、そしてその中に生きる人間を正しく理解するためには、現実的な諸条件を抽象することなく、世界を「具体的」に見ていかなければならない。このような意味で具体的であることが哲学に求められている。

しかし、このことは個人を個別的に見ていくということではない。たしかに、同じ人は二人としてはいないのだから、人を一般的に考察しても、目の前にいるこの人は見えてこない。「具体的」でなければならないと考えて、対象をただ個別的に見ていくのであれば、そのことから経験則を得ることはできても、学問にはならない。

もとより、抽象することなしですませることはできない。そもそも言葉すら使えないことになってしまう。「台風○号」といういい方をするが、実際には「台風」という実体があるわけでない。しかし、雨風が強いというのではなく、雨風を運んでくる主体としての台風○号という名前として同定し、それが九州地方に接近というふうに見る方が、適切で有効に対処することを可能にする。病気の場合も、身体がだるい、熱があるというような症状が何の症状かを見極め、その症状を支える主体、症状の責任者を菌や癌細胞のように同定することで有効な対処が可能であろう。

タークルによれば、正統派心理学にとっては成熟した思考とは抽象的な思考であるが、「具象的手法」を子どものもの、原初的なものとするのではなく、エイミーが行ったようなブリコラージュ（手に入るものを何でも利用して作りあげること、六八ページ）は成熟した有用なものである。

具体的思考を経て、より高度な、あるいは、より成熟した抽象思考に到達するのではなく、最初から具体的思考と抽象的思考は、まったく別の思考方法であると考えることができる。

想像力

イラク戦争が始まった時に考えた。想像力の不足あるいは欠落が戦争を引き起こす一つの要因になっているのではないか、と。辺見庸《へんみよう》は、アフガニスタンのカブール郊外に投下され爆発したクラスター爆弾の破片を拾ってきて講演などで見せ触ってもらっているという。破片を手にした聴衆の反応が以前と変わってきたことに辺見は注目している。

「錆びついたその金属片をいったん自分の膝の上において、まるで仏像にでもするように瞑目して合掌したのである。女子高生もおばあちゃんもそうした。見ていて私はたじろぐ。ただ、その祈りと想像力に、戦争に反対することのすべての可能性があると感じたことだ」（『いま、抗暴のときに』六九ページ）

クラスター爆弾の破片が空一面に舞う。そしてその破片が誰かれの区別なく人々に突き刺さっていく。これは地獄絵以外の何ものでもない。このような想像ができるかどうか。想像できないとしたら爆弾の炸裂《さくれつ》がもたらすこの破壊力、それが向けられる人について具体的なイメージをもてないということである。

戦争では「この人」や「あの人」が死ぬのである。池澤夏樹《いけざわなつき》は次のように指摘する。

「アメリカ側からこの戦争を見れば、ミサイルがヒットするのは建造物3347HGとか、橋梁4490BBとか、その種の抽象的な記号であって、ミリアムという名の若い母親ではない。だが、死ぬのは彼女なのだ。ミリアムとその三人の子供たちであり、彼女の従弟である若い兵士ユーセフであり、その父である農夫アブドゥルなのだ」（『イラクの小さな橋を渡って』七一ページ）

ところが人一般を見る。戦時には個人を見てはいけないのである。辺見は、国家単位で考えると、戦争はすべて抽象化されてしまうといっている（『単独発言』一〇五ページ）。

「血抜きされた」歴史が語られてきたが、実際にはこの戦争において夥《おびただ》しい血が流されてきている。顔が見えたら戦争はできない。ミサイルを発射する時には、このミサイルがもたらすであろうこの人やあの人の死を思い浮かべないよう兵士は訓練を受けるという。

理論と現実

抽象し一般化することが病気や災害への対処のように有用なこともあるが、抽象化によって得られた理論や病名をつけることが問題になることはある。

理論についていえば、理論が先にあって、現実をその理論に当てはめようとすることがある。アドラーがよく引くギリシアの伝説上の盗賊であるプロクルステスは、捕まえてきた旅人を自分の寝台に寝かせ、もしも身長が寝台よりも短ければ足と頭を引っ張って引き伸ばし、他方、長ければ、はみ出た足を切り落とした（『子どもの教育』三九ページ）。そのように現実から理論に整合する面だけを抽象すれば現実が見えてこなくなる。理論はあくまでも現実を説明するためのものであって、現実を理論に合わせるのはおかしい。

哲学に興味をもち始めた頃、心理学の本も読もうとした。しかしおもしろいけれども受け入れることができなかった。たしかに一般的にはそうかもしれないが、この私は違う、私には当てはまらない、と思った。この世界を説明するために必要な変数はたくさんあるはずなのに、限られた変数によってしか説明していない、と思ったのである。

病気についていえば病名をつけることで有効な対処をすることがたしかに可能であるが、他面、病気一般を見て、この人の病気、さらには症状のあるこの人が見えなくなるということがある。アドラーは症状を脇におくことを提案している（『人はなぜ神経症になるのか』二〇ページ）。そうすることによってライフスタイルを、つまりは人を見なければならないのである。

また、症状を実体化しない方が治療に有効な場合がある。症状を実体化するというのは、「私は床につき、眠りにつくまで三時間かかる」という過程を「不眠症」というようにある「物」として見ることである。しかしこのような実体化をやめ、例えば、「私は床につき、問題について考えると、本当にいらいらしてくる」という記述にすれば、実体としての症状ではなく、行動あるいは習慣そのものを変えることを示唆し、望む変化を引き起こすことができる（ビル・オハンロン／サンディ・ビードル『可能性療法』六四～六五ページ）。

現実を理論に当てはめることの問題は以上見たとおりだが、それでは、理論がただ現実を説明すればいいのかといえばそうではない。辺見庸が思想家も哲学者も世界に立ち向かう代わりに思想や哲学を現実に釣り合わせることを選んでいる、と指摘している（『いま、抗暴のときに』三五ページ）。既存の価値を無批判に受け入れることなく、疑い、批判することが古来哲学の営みであったことは既に見た。このようなソクラテスの哲学の精神は今日も哲学者たちに引き継がれてきている。中島義道は「哲学は言葉だけを武器にして真理に迫っていく営み」（『たまたま地上にぼくは生まれた』一五四ページ）といっている。高橋哲哉《たかはしてつや》は、懐疑や批判の精神は哲学だけのことではなく、「およそ人間が物事を知り、探求し、発見し、文化や文明を発展させていくときに不可欠な態度だと私は思う」（『「心」と戦争』四三ページ）といっている。

ところが、池田晶子がこんなことをいっているのはどうかと思う。「もしも日本に戦争が起こったら、君が知るべきことは、どちらが正しいかということではなく、その中で自分はいかに正しく生きるのかということではないだろうか。つまり、「正しい」とは、そもそもどういうことなのか。それ以外に人間が人生で知るべきことなどあるだろうか」(『14歳からの哲学』一三二ページ)。

あることが正しいか、正しくないかを知る前にそもそもその「正しい」とはどういうことか知っていなければならない、とプラトンであればたしかにいうであろうが、これでは戦争という現状を与えられたものとして受け入れた後に、その中でいかに正しく生きるか考えよ、といっているように聞こえる。よほど用心しなければ御用哲学になってしまう。

具体的であるということの意味

朝日新聞のイラク戦争の従軍記者だった野嶋剛《のじまつよし》がアメリカの迫撃砲がイラク軍陣地に命中したのを見て兵士と同じく喝采《かっさい》をあげたことについて「私は中立であるべきジャーナリストであり、攻撃の成功を喜ぶべきではない」と書いた記事(朝日新聞二〇〇三年四月一日付)をよく覚えているが、この記事に辺見庸がかみついている(『いま、抗暴のときに』七五〜七六ページ）。その時点で記者は今回の戦争をどう考えるかという結論を出せずにいる、と書いているが、「中立」であるべきだから判断保留をしていることが許されるのか。戦争の真只中《まっただなか》にいてなお判断ができないというのは驚くべきことである。「中立」であるべきであるという大義名分があれば判断を保留し、価値判断を免れることができるとは思わない。

高橋哲哉は『「心」と戦争』の第一講において、「せりだしてきた」国家が『心のノート』によって「心」の中に侵入しようとしていることの危険を明らかにしている。『心のノート』にはかつて愛国心が煽《あお》られることによって引き起こされた負の歴史、記憶がまったく存在しないこと、現存するものをそのまま感謝して素直に受け入れようというメッセージが貫かれていることが明らかにされている。

「ここには、現存するものに疑問を抱き、その意義を批判的に検討することが大切だというメッセージはまったく見当たりません。このような、懐疑や批判の精神を養うことにまったく関心のない「心の教育」は社会を「健全に」保つためにもかえって危険ではないでしょうか」（四〇〜四一ページ）。

体制側からは、もちろんこのような懐疑や批判精神は余計なものであるわけである。先にも見たとおり、与えられたものを無批判に受け入れるのではなく、懐疑や批判を通じて確かなものとそうでないもの、妥当なものとそうでないものなどを区別していかなければならない。それにもかかわらず『心のノート』には懐疑や批判の精神を育てようという発想がほとんど見られない、と高橋は指摘する。

もしも既存の理論が現実を追認するだけのものであるとするならば、理論のあり方そのものに関わる本質的な問題があるように思われる。文化や文明を発展させていくのに必要な「態度」が、与えられたものを追認することに終始することがないようにするためには、今日半ば常識になっている思考のあり方を意識的に変革する必要がある。

私は、具体的思考こそが世界をシンプルに見ることを可能にすると考える。抽象思考によって一体この世界から何が捨象されたのか。

私が問題

哲学が扱う人生の大問題は、この「私」にこそ関わるのであり、一般的にどうかということを考察しても意味がない。先にも見たように、死について考え始めた時、私が知りたかったのは死とは何かという一般的な答えではなく、ほかならぬこの私が死ぬということはどういうことか、ということだった。抽象によって排除されることの一つはまずこの「私」である。

中島は哲学で求められるのは私を排除した客観性、あるいは人と交換しても同じになるような客観性ではない、と指摘する（『たまたま地上にぼくは生まれた』九一ページ）。カントがいう「主観的普遍性」における主観的というのは、個人的という意味であり、主観的普遍性とは個人的なことが普遍性をもつということである（九二ページ）。

そこで「私はこう考える」ということから出発し、誰もが同じ結論に達するというのではなく（もしもそのような結論に達したとしたらそれは交換可能な知であって主観的普遍性ではない）、しかも個人的なものにとどまることなく普遍的なものへと向かっていくのである。反対にあまりに主観的すぎると私小説や体験報告になり、あまりに普遍的すぎると科学あるいは学問になってしまう（中島義道『哲学の道場』一三三ページ）。森有正であれば体験が体験で終わることなく経験になることの必要を語るだろう。過去の一度きりの出来事を何度も同じようにしか話さない「体験」ではなく、過去の一度きりの出来事でも、たえずその出来事の意味を反芻《はんすう》し新たな意味を見出していくことで「経験」にしていかなければならない。

哲学は先に見たようにあらゆる条件を加味するという意味で具体的かつ個人的（主観的かつ普遍的）なものであるから、実感していないことを語ることは本来的にありえないはずである。中島は自分自身の体験を言語を鍛え上げて、他の人にわかる形でコミュニケーション可能な形で語ることが哲学である、といっている（『たまたま地上にぼくは生まれた』一五七〜一五八ページ）。自分の思考を客観的な言葉にしてはならず、個人独得の感受性を消すことなく、しかも普遍的な形で語らなければならないのである。

消えた幸福

価値の所在

次に抽象されるものは「価値」である。客観的とか中立的という言葉によって価値判断することを免れることはできない。

アントニオ・タブッキの『供述によるとペレイラは……』に出てくる日刊紙の記者ペレイラは、いつのまにか政治運動に巻き込まれている。思いがけずペレイラは勇気ある行為に出る。政治的中立（あるいは無関心）でいることは、「市民として」（訳者の須賀《すが》敦子《あつこ》は、「国民としてではない」と強調する、一八九ページ）選択できない選択肢だった。

宇多田《うただ》ヒカルがかつて日記に書いている（二〇〇三年三月二〇日付）。

「賛成する人も、無関心な人も、好きじゃないな。

賛成する人も、無関心な人も、同罪」

いかなる場合も無関心が一番危険である。

一方の極で中立、他方の極で無関心というようなことが起こるのは、この世界や現実への見方、世界観の問題に関わっている。

日常的思考に見る「物」的発想

例えば、赤い花が咲いているのを見るとする。常識的にはこのように考える。「この花は赤い」といい、主語である花が述語である「赤い」という性質（後の議論の便宜上、これをFとする）をもっている。このように性質をもつ当の「物」と、その物に属する「性質（属性）」が区別される。「物」は独立して存在する実体であり、性質はこの実体に所属して、実体に依存して初めて存在しうるという意味で属性といわれる。

ある物についてその性質が変化するという場合、性質は変化するが同一の物として存続する「物」(x)がある、と考えられる。ちょうど人が帽子を変え、帽子の種類が変わっても、帽子を被《かぶ》る人が同じであるように、このような変化を通じて同一の物として存続する物を「基体」という。

そこで、「この花は赤い」という主語・述語構文に対応する形で、実体、あるいは基体(=この花)が属性(=赤い)をもつことになる。

このことは認識論(知覚論)の場面では、知覚の因果説(causal theory of perception)を帰結する。性質の担い手そのものは性質から区別され、性質を一切もたない、いわば純粋無垢《むく》の物でなければならない。このような性質の担い手である「物」、物質は、知覚される色も音も匂いもない。そのような「物」が知覚を引き起こす(cause)、あるいは原因となる、と考える。ここで「引き起こす」といっても、また随伴する、対応する、反映するといってみても、意味するところは判然とはしない。

性質を一切もたない純粋無垢の「物」とは何か。石について考えると、石は白い、冷たい、固いなどの知覚的性質の集合である。しかも石それ自体が一つの性質であり、白い、冷たい、固いなどの形容詞的な知覚的性質とは何ら認識論上の身分、資格差はない。

レウキッポスやデモクリトスらの原子論者は、世界の基礎として知覚的性質をもたない「物」を想定した。デモクリトスは次のようにいっている。

「甘いといい、辛いといい、熱いといい、冷たいといい、また色彩といい、それらはすべてノモス（習慣、約束事）の上のことにすぎない。真実にはただ原子と虚（空虚、虚空間）があるのみ」（断片9、藤澤令夫訳）

世界のあり方の「真実」の基礎は、ただ原子と、原子がその中を運動する、または原子と原子を分け隔てる虚空間だけであり、知覚的性質はすべて「真実」には存在しない。さまざまな知覚的性質は、原子の集合体（物体）において、その一つ一つの原子の形や向き、配列などの結果として人の五感に現れる「仮の」姿である、と考える。

二元論の問題

このような見方は、日常的思考、あるいは言語のあり方であり、その延長上の科学的な思考（先にこれを抽象的思考と呼んだ）においては何の問題もなく受け入れられる。その上、先に見たように病気に対処し、実体としての台風に対処する際に有効である。

しかし、世界についての一つの見方ではあっても、これが世界の究極的なあり方として把握されると問題が起こらないわけにはいかない。世界の究極の基礎として「物」だけが真実であるとすれば、このような世界はかなり奇怪な世界といわなければならない。知覚的性質はすべて仮の物にすぎず、真実ありのままの世界は、人が認識する知覚とはまったく関わりがないことになるからである。

ある夏、私は初めて腹痛を経験した。息が詰まるような痛みは次第に増悪した。これはただ事ではないと思って病院に行くことにした。診断は急性胃腸炎。幸いたいしたことはなく薬を出してもらい、点滴を打ってもらってすぐに帰ることができたが、血液検査のデータによると肝臓が悪いことがわかった。その日を境に体調は急激に悪化し、悪心《おしん》、嘔吐《おうと》を繰り返すことになった。

精密検査を受けた方がいいという勤務先の院長の勧めで再度受診、検査を受けることになった。総胆管に結石があるかもしれない、その場合は手術も必要かもしれないということになり、検査の結果が出るのを待った。

結果は「異常なし」。胃カメラ、エコー、CT検査を受けたのだが、「内視鏡的逆行性膵《すい》胆管造影法（ERCP）」という十二指腸までファイバースコープを挿入するという検査を受ける必要があるかもしれないと覚悟していたので（実際、主治医はその必要性を示唆していた）、その検査を受ける必要がない、まして、手術を受けることも必要がないとわかると、大いに安堵《あんど》したものの、一方で、ではその時点で私がはっきりと感じていた異常はどう説明するのか、と思った。しかし若い医師は「手の施しようがありません」と宣言し、私は何の治療を受けることもなく病院を後にしなければならなかった。

私にとってリアルで異常な感覚があっても検査データはこの感覚を「仮」の、あるいは、「偽」の物として認定したわけである。先に見た、知覚的性質はすべて仮の物にすぎず、真実ありのままの世界は、人が認識する知覚とはまったく関わりがないということは、このような事態を意味している。

色も味も一切の知覚的性質は世界の究極の基礎からは排除されるのみならず、およそ「物」ではない生命、心、目的、価値はすべて排除されることになる。価値から自由な、没価値的、あるいは、価値中立的 (value-neutral) な世界観である。

また「物」と価値の世界が乖離《かいり》、分裂しているということは、事実に関わる「客観的知識」と価値（善）に関わる「主体的知恵」というように、人間の知のあり方も二つの方向に分かれてしまう。価値や道徳、倫理の問題は厳密な知識にはならない、あるいは、is（である）から ought（べきである）は導き出せないというようなことがいわれるようになった。

しかし感覚、目的、価値といったものは、このような世界観においてはすべて欠落することになるか、あるいは、これらが大きな所与である以上、欠落を補うために、物の世界とは独立にそれらを想定する二元論になることになる。

「物」的実体の消去

これまで見てきたように、哲学は具体的でなければならないということの意味は、価値中立的な世界観においては仮の物として排除される価値を全面的に考慮に入れるということである。

プラトンはさらに、世界の基礎としての「物」的実体を解消する。プラトンは「物」的実体の観念を拒否し、世界のあり方の究極の基礎としての「物」に形而上学《けいじじょう》的な資格、身分を与えることを拒否したのである。

常識的には、知覚の「対象」（x）と呼ばれるものが、何か恒久的不変の実体的なものとして、知覚に先だって、あるいは、知覚の現場を離れて存在し、存続し、それが知識の世界そのもののうちに、知覚を引き起こす原因、知識の根拠として説明されるが（これが「知覚の因果説」である）、プラトンは、感覚的知覚を徹底的に分析し、知覚の世界はイデア（φ）なしには自立しない、徹底的な動と変化そのものに還元されることを明らかにした。

例えば先にもあげた「石」を例にすれば、白い、冷たい、固い、さらに石という知覚的性質を支える実体、基体はない。あるのはその時々に現れる知覚的性質だけである。

花を見た時に「この花はきれいだ」とは普通はいわないだろう。ただ「きれい」ということだけである。このような述語的な直接性を後に反省すると「この花はきれい」ということになるが、知覚の現場ではただ知覚像、あるいは知覚性状が現れているだけである。

お腹が痛いというのは、痛いという知覚がお腹という場所に現れてくるという意味である。お腹という実体が痛さという知覚的性状をもっているというわけではないのである。

しかし、プラトンが知覚一元論、現象主義の立場を採らなかったのは、感覚界のうちに真の知識の根拠になるような恒久なものを認めることができなかったからである。場の概念が導入されている『ティマイオス』では、「場のここに〈火〉のイデアが映し出されている」、あるいは、「〈火〉のイデアの似像が、場のこの部分に受け入れられて、火として現れている」という形になっており、Fのほかにφという要素が出てくる。

なぜφが必要かという問題は、大問題である。なぜなら、客観的対象としての物理的事物がまず知覚とは独立に存在して、それが原因となって知覚像が生じるという見方を退け、かつ、現象一元主義に居直ることもしないのであれば、知覚像が現れる原因をどこに求めるのかという問題に答えなければならないからである。

簡単にいえば、何か美しいものを見て、「きれい」「美しい」といわせる究極の根拠としてあるのが、イデア(φ)であるといえる。発語の「美しい!」の本来的な意味を支え、成立させているのである。

一般にFという言葉の意味を知っているということは、何かが現れた時に、それがFであるということを(あるいは、Fでないということを)判別できるということにほかならない。しかし、この判別がなぜ万人にとって、あらゆる場合に一定不変でないか、つまり、私が美しいと判別した知覚像を他の人はそうしなかったり、また、かつては私が美しいと判別しなかったものを、今は、美であると判別することがあるかは容易ならざる問題である。人によって、あるいは、同じ人についても経験の程度によって判別内容が異なるのはなぜか。あるものを見て美しいという時、決して過去において見た多くの美しいものと比較して美しいといっているとは考えられない。初めて見る景色に心動かされ、初めて会った美しい人に目を奪われることもあるからである。

この問題をつきつめていくと、どうしてもFという判別そのものの中に、先験的といっていい何かが働いているとしか考えられない。それがFをしてFたらしめるイデア(φ)である。

「場のここに美という知覚像が現れている」と記述される事態は、決してそれだけで自足しているのではなくて、美がほかならぬ美として現れ、美として判別されるということ自体の中に、先験的な美のイデアが、規範、基準として働いていることで初めてこの経験が成立しているということがわかる。

イデアはこのように、経験の中にそのままの形で、現実の知覚像として現れることは決してないが、現実の判別の中にリアルに働き、判別自体を成立させている原因、根拠である。

重要なことは、イデアと現実を混同してはいけないということである。この世のいろいろなものにイデアの面影を認め、イデアをある程度想起することはできる。しかし、イデアの認識を深めれば深めるほど、地上のいかなるものとも混同することはなくなる。イデアと現実の混同は偶像崇拝への道を開くことになる。この世のものはどれも完全ではないのである。

また、（例えば戦争の）現場に行ってそこで自分が見たものだけが真実であるというふうに考えてはいけないということである。イデアと現実を混同することなく、はたして自分は本当に知っているかを疑っていかなければならない。

価値の問題

ある知覚像をFとして判別するということは、その知覚像がほかならぬFであることによって定まるような、それに対する反応や対処、行動のあり方への合図を受け取ることである。

ある知覚像を、例えば、美として判別することは、とりもなおさず、その知覚像がほかならぬ美であることに対する反応や対処、行動への合図を受け取ることにほかならない。別の例を出すならば、青信号を見る、青信号としての知覚的判別は、そのまま進めの合図、横断を開始する行動そのものであるといえる。

このことは、程度の差はあっても他の知覚的判別の場合も当てはまる。どんな知覚像も、それぞれの固有の表情をもっているのであって、これがそれぞれのものの意味、あるいは価値と呼ばれているものなのである。表情皆無の、また、価値と無縁な知覚像はない。そもそもそのようなものがもしあるとしても、知覚されることはない。

ぼんやりと視野の片隅にあるだけのものであっても（学生が講義を聴かないで眠っている姿が目に映るというようなこと）、それに対して何ら特別の行動、対処をしなくてもいいという仕方で、どう対処するかを指示しているわけで、それなりの表情をもっていると考えることができる。

赤信号を判別してブレーキを踏んだり、ボールが飛んでくるのを知覚したら（私にはきっとできないと思うが）さっと身をかわす。このような緊迫した行動から、無反応的反応まで、人が取るべきさまざまな基本的態度への合図を受け取るということは、価値的な判別を行うということであり、あらゆる知覚は、価値的な判別であるわけである。この意味で、われわれは有益なもの、意味のあるものしか知覚しないようにできているということができる。

このような価値的な判別を根拠づけるイデアはさらに「善」のイデアに根拠づけられ統括されている、とプラトンは考えている。

過去が変わる

ある友人が幼い頃の思い出を話してくれた（『アドラー心理学入門』一〇五〜一〇六ページ）。当時は今とは違って放し飼いの犬や野良犬がたくさんいた。彼は常々母親から、犬は走ったら追いかけてくるから、犬がいても走って逃げてはだめよ、といい聞かされていた。

「ある日、二人の友だちと歩いていたら、向こうから犬がきました。僕はかねていわれていたようにじっとしていました。ほかの友だちは、ぱっと逃げました」

それなのに彼は犬に足をがぶりと咬《か》まれてしまった。

事象は誰にとっても同じものとして現れるわけではなく、意味あるものしか知覚されないということを見た。同じことは過去の想起にも当てはまる。無数にあるはずの過去の思い出の中から特定のものが想起されるのは、想起された思い出がその人にとって現在意味があるからである。

知覚の場合と同様、過去についても誰もが同じものとして記憶している過去そのもの、過去自体があるわけではない。むしろ、現在の意味づけによって過去が変わるということはありうる。

先の話を聞いて不思議に思うのは、もしもこのようなことが今起これば、犬に足を咬まれたところで話が終わるはずはないということである。それなのに彼の話はそこで途切れた。

こんなことがあってから彼はこの世界は危険なところだと考えるようになったという。道を歩いていたら車が突っ込んでくるのではないか、家にいても飛行機が落ちてくるのではないか、病気についての記事を新聞で読めば自分もその病気に感染しているのではないか、と恐れた。

しかし犬に咬まれたことによって、世界を危険なところだと思うようになったというふうに原因論的に見るのは、彼の側にそうしなければならないわけがあったのだろう。世界を危険であると見ている限り積極的に人生の課題に立ち向かおうとは思わないだろう。あるいはむしろ人生の課題から退却するという目的のために世界を危険なところと見なし、さらにはそのような世界像をもつために過去の無数にある記憶の中から、ほかならぬ犬に咬まれた出来事を想起したと考えられる。

さらには世界のみならず、まわりの人のこともよくは思えないということがあったのだろう。親にいわれたとおりのことをしたらひどいめにあったという回想だからである。

ところがそんな彼の回想が変わった。忘れていた記憶が蘇《よみがえ》ったというのである。

「たしかに、犬に咬まれた記憶はそこで途切れていたのですが、続きを思い出しました。見知らぬおじさんが僕を自転車に乗せて、近くの病院まで連れていってくれたのです」

こうなるとたしかに犬に咬まれたことには変わりはないが、ストーリーは全然意味の違ったものになる。この世界は危険なところであるとか、大人のいうことを聞いたらひどい目にあったというのではなく、私が困った時に私を助けてくれる人がいるというストーリーに変わってしまったのである。

例えば、井戸水は一年を通じてほぼ十八度なのだから夏は冷たく感じられ、冬は温かく感じられるのは主観であり、「本当は」温度は変わっていないと見なす必要はなく、井戸水は冬は温かく夏は冷たいと考えていいように(詳しくは、『アドラー心理学入門』一三〇〜一三一ページ)、現在における過去の意味づけによって過去そのものが変わった、と考えることができる。

なぜこんなふうに変わったかといえば、彼の現在における世界についての見方が変わったからである。つまり、ライフスタイルが変わったのである。世界は危険ではないということ、まわりの人は自分を援助してくれると思えるようになると、過去の記憶からそのような世界像に合致する出来事を思い出すか、あるいは、同じ出来事でもそのような世界像に合致したように、前とは違った意味づけをするわけである。

排除された幸福

価値中立的な世界観においては幸福(=善)、一般的には、価値は初めから除外されているが、この世界を具体的に見るということの意味は、まず、「私」を排除しないで、個人独自の感受性を消すことなく、かつ普遍的にこの世界を見て語るということである。

次に、価値を含めてこの世界をまるごと見るということである。価値から切り離された世界を想定することは、ありのままの世界からある条件を抽象することにほかならない。目的は価値の一つであるから、目的論はこの世界や行為の叙述にふさわしい。

第1章で神経症の論理について見たが、対人関係上の問題があり神経症が進行する時、その予兆は既に子ども時代の対人関係に見出すことができる。ほかの子どもたちと何かをすることを好まなかったり、ほかの子どもたちとは違っていて人目を引いたというようなことである。しかし幼い頃、対人関係がうまくいかなかったから今問題が起こっているというわけではない。アドラーはこんなふうにいう。

「神経症の患者は、通常、人生の初期においてが自分が独自であり適応するのが困難であったことを記憶しているが、これは現在の社会的な環境から距離を取っていることを正当化するためである」（『人はなぜ神経症になるのか』二六ページ）。必要な記憶を選び出すわけである。

表面的には自分自身を適応させようとしているように見えても、実際にはそのような努力はしていない。見かけの因果律は過去についての一つの意味づけの方法である。価値中立的な世界観においては幸福は初めから排除されているように、神経症の論理においてはアプリオリ（先験的）に除外されているのである（『人はなぜ神経症になるのか』二四ページ）。神経症の論理では、幸福がアプリオリに除外されているかのように見なされているということである。幸福にならないでおこう、と決めているともいえる。この苦しみや問題があるから幸福になれない、と思っている間は何も変わらないわけである。

第5章　善く生きるとは

死を恐れるということは、いいですか、諸君、知恵がないのに、あると思っていることにほかならないのです。

（プラトン『ソクラテスの弁明』29a）

自己像とは？

善く生きる

マイクル・クライトンによれば、アメリカ人はそのアメリカ式食事のゆえに既に十七歳までに動脈硬化を進行させており、心臓発作がいつ起こってもおかしくはないそうである（『トラヴェルズ——旅、心の軌跡』〈上〉）。「ではなぜ彼らは二十年も三十年も待って心臓発作を起こしたのか？　なぜ来年ではなく今年、先週ではなく今週それは起きたのか？」とクライトンは考える（一二七ページ）。

軽い発作を起こした四十代の男性に問う。

「なぜ心臓発作を起こしたんです？」

「本当に知りたいのか？」

「ええ」

「昇進したんだ。会社は私をシンシナティに転勤させたがっている。ところが女房が反対でね。女房の家族はみんなボストンにいるもんで、わたしと一緒に行くのは嫌だって言うんだ。だからなんだ」

このような質問をしても誰も腹を立てなかった。そして誰一人、動脈硬化の標準的な医学上の原因、例えば喫煙とか、食事とか、運動不足などには言及しなかった。

さらにクライトンはこういう。

「われわれが病気を引き起こす。われわれは自分の身に起こるあらゆる病気に対して直接責任があるのだ」（一三五ページ）。このように考えふるまう方が、自分は病気には無関係であると考えふるまうよりも「よりよく生きることになる。自分が責任を負ったほうが治る可能性が大きいとわたしは信じている」（一三五〜一三六ページ）。

クライトンはここで病気についていっているが、病気に限らずあらゆることに自分で責任を負うことが、クライトンがいうように人が善く生きることを可能にする。ところが、自分が責任を負おうとはしないで、ほかの何かに原因を求め、しかもそのような原因によって今のあり方以外のあり方はできないということを人に認めてもらいたいと思い、自分でも認めようとすることがある。

まわりの状況、出来事などが人に何も影響を及ぼさないというのではないが、その中にあって自ら自分の今のあり方を選べると考えた方が、選択に伴う責任を引き受けなければならない一方で、自由に生きることを可能にするのである。

ソクラテスが、クライトンと同じく、「大切にしなければならないことは、ただ生きることではなくて、善く生きることである」（プラトン『クリトン』四八b）といっていることについては既に見たとおりである。

「善く生きる」ことは単なる生存（「ただ生きる」）ではない。ジッハーは、人間は基本的な欲求を満たすということだけが問題になる存在的な面だけではなく、本質的な面に生きているといっている。善く生きるということは、ジッハーがいう人生の本質的な面に生きなければいけないといっていることに対応している（*The Collected Works of Lydia Sicher*, pp.39-40）。

また、クライトンが病気についてそのことの責任を認めた方が自分には無関係である、と考えるよりも「より善く生きることになる」といっていることに対応する。

責任を引き受ける

課題の分離については既に見たとおりだが、課題の分離ということのもう一つの意味は、自分の責任で解決しなければならない課題は自分で引き受けるしかないということである。自分の課題は誰も肩代わりはしてくれない。自分の課題は自分が引き受けるしかない。

自分の課題は自分で解決するしかない。自分しか取り組めない課題を前にして、そこから逃げることなく、「私はここにいます」「私のすべきことはします」と応答することが、責任を果たすということの意味である。英語では責任を“responsibility”という。これは文字どおりには「応答する能力」「呼びかけに応《こた》えることができる」という意味である。ドイツ語では“Verantwortung”というが、こちらも「答える」という意味の動詞antwortenが語源である。

強迫観念で五年も苦しんだ後に診察を受けにきた患者についてアドラーが書いている（『人はなぜ神経症になるのか』一四ページ）。

「私はこれまでたくさんの医者に診てもらいましたから、いよいよあなたが私の人生の最後の希望です」

「いいえ」

と、アドラーは答えた。

「最後の希望ではありません。おそらくは、最後から二番目の希望でしょう。私があなたを救えなくても、あなたを救える医師は他にもいるでしょう」

このような挑発的な言葉を受けると、医師は私が治さなければならないと思うかもしれないが、アドラーによればこのような患者は「責任を他の人に転嫁したい」と思っているという。医師にすべてを委《ゆだ》ねているといえないことはないが、このように医師に依存してしまうと自分自身の責任が見えなくなってしまう。

失敗を恐れない

失敗を恐れていては何もできない。しかし失敗を完全に回避することはできない。失敗からこそ学ぶことができる。これまでの人生を振り返った時、順風満帆な時よりも、失敗した時、人生が思うようにならなかった時にこそ人生において大切なことを学んだということはないだろうか。

振り返れば十代の頃は一年一年に重みがあったので、大学の入学を目前に受験にしくじって足踏みを余儀なくされた時、辛《つら》い思いをした。高校を卒業したのにどこにも所属するところがないことに、この先どうなるのか、と不安を感じた。こんな経験を人に勧めるつもりはないが、この時の失意の一年間に多くのことを学ぶことができた。

世間知らずの私は強引な勧誘によって自分では払いきれないほどの高額の契約をしたこともあった。取立てに人がきた時、母に初めて事情を打ち明けた。すると母は、息子は地方の大学に行っていないので私が代わりに支払うから、二度とこないでくれ、と私の失敗をかばってくれた。驚いたことにこの一件については不問に付され、叱られることはなかった。その後、このような失敗をしないように用心するようになったのはいうまでもない。

失敗を恐れることの問題は、挑戦することなく逡巡《しゅんじゅん》して動かないということである。「もしも～したら」が口癖となる。もしも新しい仕事が見つかったら、もしも子どもたちが大きくなったら、もしもこの病気が治ったら……そういったことのすべてが実現する日は決してこない。むしろ、与えられた課題に着手しやり遂げる勇気がない時に、課題を回避するために「もしも」といっているといってもいい。アドラーは「もしも」は神経症のドラマの主題である、という。「もしも」は課題から逃避するための「唯一の確実」な方法である（『人はなぜ神経症になるのか』一七ページ）。

不完全であることを認める

「不完全な先生でいいんですよ」と、ある時中学校の先生にそんな助言をしたら「ではどうしたら不完全な先生になれるのですか」とノートを取ろうとされるので「あのね、そういうのをやめましょうよ、完全に不完全な先生になろうとしてるでしょ」といわないいわけにはいかなかった。

会社に行けなくなるとか学校の先生で学校に行けなくなるという人のカウンセリン

グをたくさん手がけてきた。共通した特徴は真面目であることである。医師の診断書があれば休めるので、旅行でも行ってきたら、と勧めても、「いやそんなわけにはいきません。学校からいつ何どき電話が入るかわかりませんから」と行こうとしない。そんなふうにいっている間はよくならない。やがてカウンセリングをしているうちに私がいいかげんなことばかりいうものだから、カウンセリングの初期の頃のような生真面目さが見られなくなる。この人生を生きるためには真剣でなければならないが、生真面目である必要はない。深刻であることもない。このような人は職場ではもともと過剰に適応し、強いストレスを感じている。けれどもそのうち旅行に行くことも平気になる……こんなことができるようになる頃には元気になれるわけである。

ある日講義している時に黒板に書いた数式を湯川秀樹《ゆかわひでき》は何度も見ていた。そして「ちょっと待ってくれ」といって教室から出ていってしまう。やがて数学の先生を連れてきて「先生、どうもこれ変なように思うんだけど、まちがってる？」とたずねる。もちろん、生徒の前である。たずねられた先生は答える。「ああ、これ、ここがまちがってる」。そういって少し数式をなおした。湯川はそこから再び講義を続けた（鶴見俊輔と中学生たち『大人になるって何？』四四ページ）。なかなかこんなふうに間違いを認めることはできない。できない教師だと思われたくないからである。

恐れに支配されない

芥川龍之介の『竜』は、大きな鼻をもったばかりに皆に嘲笑《ちょうしょう》されていた僧侶《そうりょ》が腹いせに、奈良の興福寺の近くにある猿沢の池のほとりに「三月三日この池より竜昇らんずるなり」と書いた立て札を一本立てたという話である。日頃の腹いせに仲間や世間の人をかついで笑い者にしようという魂胆だったのだが、思いがけず池から竜が昇るらしいという噂が評判になった。もとより僧侶の仕組んだ法螺《ほら》話なので竜が昇るはずもないのだが、「昇らない事もなさそうな気がし出した」（一五三ページ）。固唾《かたず》を飲んで池の面を見ていると、やがてそれまで晴れていた空がにわかに曇り、雨が降り出した。その雨の中、竜の姿を見る……

私が交通事故にあうことを予言した人があった。このような言葉は気にしないですむものならそうしたいが、一度聞いてしまうと知らずしてどこかで意識に残っているのか、そんなことあるまいと思っていても気にしてしまう。具体的にいつ、ということがはっきりと示されたわけではない。

数週間後、乗っていた車の後方部にトラックがぶつかり大破するという事故にあってしまった。私に交通事故を予言した人にこのことを伝えたら、予言が成就したことを喜ぶのであろう。しかし考えてみたら、いいことが起こるのであれば喜んでもしかるべきだが、今の事故のような場合だと当たらない方が当然望ましいわけである。

『ヨナ書』によると、ヨナはアッシリアの首都であるニネヴェの滅亡を予言するようにという命を受けたが、その命に従わないで船で逃げ出したところ、暴風雨にあい、その責任を取らされ犠牲として海に投げ込まれた。しかし、大魚に飲み込まれた後、陸上に吐き出された。今度はニネヴェの滅亡を予言したが、この時は、神は人々が悔い改めたのを見て、この災いを下すことを思いとどまった。

ヨナを初めとする旧約聖書に出てくるヘブライの予言者は、「先のことを予《あらかじ》めいう」という意味での「予言者」というより、むしろ、神の言葉を預かるという意味での「預言者」だった。人々が預言者が伝える言葉を聞いて行いを改めなくても神が人を罰するのをやめれば、予言が当たらなかったことになる。そのため無用な予言をした、と嘲笑された。当たらなかったからよかったはずなのに。

「私は誰からも愛されることはないだろう」と思っていると、たとえ実際には愛されていても愛されていない証拠を相手の中に見出そうする。少しでもそのような証拠が目につけば、ああ、やっぱりと妙に安心したりする。

このような恐れに支配された生き方を私は好まない。

三八歳の時に車の免許を取った。それまで何度も習うチャンスもあり、また、必要だったにもかかわらず、車の運転を習うことに恐れがあって習おうとしなかったが、ある日思い立って教習所に通うことにした。日頃は教師として教える側であるが、何年かぶりで教えられる立場に立つと、いろいろと発見がありおもしろく思った。しかし、一度学ぶと決めたものの、実際に教習が始まるまで、また、実際に教習が始まってからも、何度も恐れにとらわれてしまった。

アドラーは、「あらゆる人があらゆることを成し遂げることができる」といっている（『個人心理学講義』一一四ページ）。もしもできないことがあるとすれば、自分が何らかの制限を課しているのだ、というわけである。

キューブラー・ロスはこんなふうにいう。

「どんな人のなかにも愛の夢、人生の夢、冒険の夢がある。でもその一方で、情けないことに、わたしたちは自分の夢を実現しようとしてはならないという、さまざまな理由にしがみついている」（『ライフ・レッスン』四九ページ）

ジェラルド・ジャンポルスキーは、過去において起こったことが、将来にも起こるだろうと、考えて、この現在にも自分には限界があると考えるのは幻想だ、といっている（*Goodbye to Guilt*, p.111）。

恐れがあるから車に乗ることをためらうというのではなく、私がそもそも車を習うという課題を前にしてそこから逃れる口実として恐れという感情を創り出していると考えた方が、その頃の状態をよく説明できる。

アドラーは自分では何もできないと信じている十一歳の少年にこんなカウンセリングをしている（*The Pattern of Life*, p.86）。

アドラー　水泳を習ったことある？

ロバート　あるよ。

アドラー　最初はむずかしかったことを覚えてないかい？　今みたいに上手に泳げるようになるには、きっと時間がかかったと思うよ。何をしても最初はむずかしい。でもしばらくすれば、うまくできるようになる。君は泳げるのだから、読んだり計算することもできるようになると思うよ。でも我慢しなくては。いつもお母さんが何でも君のためにしてくれると期待してはいけない。私は君ができると確信しているよ。ほかの人が君より上手だからといって心配することはない。

私がいまだに車に乗るたびに緊張するのは、右に引いたジャンポルスキーの表現を借りれば、恐怖を感じた過去を今再び体験している（relive）ということにある。アドラーはむしろ過去の成功体験を想起させている。一方、ジャンポルスキーは、そういう過去と恐れを手放すことを勧めている。

最初は車を前進させることさえ至難の業だったのに、やがて上手とはいえないにしても、楽に運転できるようになった。その後も車を運転する時、なぜかいつもひどく緊張してしまった。一時間の教習が終わった時には、ハンドルが汗でべとべとになっていた。ひるがえって考えてみると、私にとってはこんなふうに緊張することはまれなことである。多くの人の前で話す時にも緊張することはないし、少しも苦痛ではない。それなのになぜ緊張するのか、と車を運転するたびに思った。私の先生は指導員になる前は、理学療法士の学校に通っていたそうで、運転している時に緊張する私を見て「まず顎《あご》の力を抜いて。そうそう、そんなに歯を食いしばらないで。次に、肩の力を抜いて」というようなアドバイスをしてくれたのだが、緊張はなかなか解けなかった。

一つには緊張することが失敗した時の口実になるということがある。もしも緊張していなかったらもっとうまく運転できたのにといえるわけである。

ジャンポルスキーはまた、医師の国家試験を受けた時のことを語っているが、緊張にこれとは違う側面があることを教えてくれる（*Teach Only Love*, p.9）。ジャンポルスキーは最初の国家試験でしくじっている。これはリラックスしようと意識しすぎて、かえって緊張したのだ、と分析しているが、この説明は違うだろう。私も経験があるが、口頭試問の時、自分の目の前にすわっている試験官は、受験生にとって恐い存在である。しかし、ジャンポルスキーは思い至った。私も緊張しているが、試験官たちも私と同じように緊張しているのだ、なぜなら、もしも将来医師としてふさわしくない人物がこの試験に受かるようなことがあれば、その責任を取らなければならない、だから慎重であらねばならない、と。そう思った時、試験官は決して、恐るべき人ではなく、彼らもまた恐れをもった人なのだと考えることができた、という。

検定の試験を受ける前に検定員から説明があった時、このジャンポルスキーの話を思い出した。「私たちの教習所は、皆さんの合格率が九十パーセントを割るようなことがあれば、〔実技試験免除の〕公安委員会の認定を取り消されることになるのです。ですから、一人でも多くの人に試験に受かってほしいので、決して落としたいと考えているわけではないのです。ですから、どうぞリラックスして試験に臨んでください」

アドラーも、緊張するのは、話をしている時であれば、聴衆が仲間ではなくて敵であり、自分より優れていると思うからだ、といっている。私が車を運転する時に、緊張していたのは、ひょっとして指導員よりも優れていたいと考えていたからかもしれない。もとより、そのようなことはかなうはずもないというのに。優れていたいと思っているのに実際には私よりも優れているように見え、私のあら探しをしようとしているように見える恐い存在である聴衆（あるいは試験官）が私を緊張させたのでうまくいかなかったと考えることは、自分の能力が水準に及ばないことや、技術が稚拙であることの責任を他者に転嫁することである、と考えることができる。

このようなことに思い当たった時、指導員と私の関係が少し変わったように思えた。ある時、教習が始まる前に、指導員をまきこんでの事務的な問題が起こり、なかなか教習に入ることができなかった。私には関係のないところでのトラブルだったので、私には何もできなかったのだが、そのあとで、先生に「今日はいろいろとお手数をおかけしました」といったところ、「いえいえ、こちらこそ」という返事があった。不思議なことにその時の教習は、いつもの教習とはまったく違った雰囲気で行われた。いつもなら、下手な運転をしようものならその場で急ブレーキをかけて、注意をしていたのに、その日は、私の運転はいつもの運転と変わりがなかったのに、急ブレーキをかけたりはせずに、「もう少し行ったところで、車を止めてみましょうか？」といわれ、いわれたとおり、車を止めると、穏やかな口調で、その時の運転のどこが適切ではなかったか、と説明を受けた。私の接し方が変わったからである。私は知らずしてその指導員と競争していて、それに応じて彼の私への態度も私には嫌に思えたのだろう。自分がまず変わる勇気をもてば、これほどにまわりの人も変わってくることの不思議を知った日だった。

誰がではなく、何が

私が学生の頃に世話になった先生のエッセイに、若い頃、所属する研究室の教授にずいぶんと迷惑をかけたという話がある（森進一『雲の評定』二二～二五ページ）。二、三枚のレコードを売りに行く道すがら田中美知太郎先生の家に立ち寄ったところ、風呂敷《ふろしき》に包まれたレコードに目を留めた先生が誰の曲かとたずねた。ショパンのものだがほとんど音は出ないが、酒の三、四本くらいの値段で売れるというと、先生が買ってくれたというような話とか、主として酒代の無心のためにたびたび借金をしたということが書いてある。

「先生の随筆に、「誰が」言ったかよりも、「何を」言ったかの方が大切だ、という意味の一文がある。もし、「誰が」という、俗情の方ばかりを重視される先生だったら、私などはとても今日まで、先生のお弟子の一人として認めてはもらえなかったろう。誰にどういうことが起こっても、それでその人間が少しでもよくなってゆくのなら、それはそれでいいのだ。そこに先生の目がある。先生の目は、つねに人間の精神にそそがれている。先生の太っ腹の秘密は、そんなところにもあると思う」（二五ページ）

私がまだ研究室の対人関係についてほとんど何も知らなかった頃のことであるが、

大学院生の先輩が演習の時にギリシア文を誤訳したように私には思えた。そこで「それは誤訳だと思います」と指摘したところ、一瞬、部屋の空気が凍りついたような気がした。

私の指摘がはたして正しかったのかは今となっては覚えていないのだが、こんなふうに感じたのはどうやら私の思い過ごしであることに気がついた。私が所属することを許された研究室は幸い、ギリシア語を学び始めた二回生であろうと、大学院生であろうとギリシア語のテキストの読みをめぐって対等に真剣な議論をするような雰囲気があることにすぐに気づいた。

「誰（人）」と「何（考え）」を常に区別したい。問題にしなければならないのは「考え」であって、それが誰の考えであるかは問題にならない。人と考えを区別しなければ、考えを批判するうちにその考えを表明する人のことまでもが気にいらなくなる。考えを表明している人を批判するのではなく、逆に、考えを表明している人が誰であるかによって考えそのものを無批判に受け入れるのではなく、考えそのものを問題にしなければならない。

池田晶子は、「正当に批判されるべきなのは、つねに「考え」、誰のものでもなく、したがって誰のものでもあるその「考え」だけのはずである」（『考える日々』二五三ページ）といっている。私が語る言葉は私のものでありながら、私を超える。

ヘラクレイトスが「私ではなく、ロゴスに聞いて、万物が一であることを認めるのが賢明である」（断片50）という時の「ロゴス」は「理」（ことわり）であり、世界に内在する理法を意味するのと同時に「言葉」であり、言葉に内包される「論理」である。

誰が話しているか、何が語られているかを区別できなければ、語る人を嫌うことになる。

人からの評価を気にしない

人のことを嫌いにはならないが、人から嫌われることを恐れる人がいる。自分が人を好きになるのも嫌いになるのもその決定権は自分にあるが、人が自分をどう評価し、その結果、その人が自分を嫌いになるかは自分には何ともならない、と考えるからである。

たしかに人からの評価は気にかかるが、人から受ける自分についての評価は、自分の価値そのものとは関係がない。人の評価を気にする人は、自分に対する否定的な評価を気にして、それをそのまま受けとめてしまう。しかし「あなたは嫌な人ね」といわれたところで、そのことで自分が嫌な人になるわけではない。

もちろん、逆に「あなたはいい人ね」といわれたからといって、そのようにいわれたことで自分がいい人になるわけではない。自分についての一つの見方として参考になるとしても、それ以上のものではない。

競争から協力へ

先に縦の人間関係は精神的な健康を損なうもっとも大きな要因であるということを見た。縦ではなくて横の対人関係を築きたい。健康なライフスタイルの人であれば、他者は自分の「仲間」である、と見るので、横の関係の中で他者に協力し貢献することができる。

ところが競争を前提として適者生存がこの世界の本質である、と主張する人もいる。ダーウィンはそのようにいい、またホッブスは「万人の万人に対する闘い」という言葉を用いた。人間は自己保存欲をもっており、他者を圧倒しながら、自分の権利と幸福を求めようとする。これをホッブスは「自然状態」と呼ぶ。

アドラーは、水泳を学ぶのに難儀する子どもについて、そのような子どもは人生は闘いである、と見ており、このような闘いの中では、「上」であるか、または「槌《つち》になるか、鉄床になるか」が重要であるという。すなわち、槌でなければ、鉄床であるしかないので、鉄床になりたくないというケースを引いている（*Individualpsychologie in der Schule*, S.98）。競争の中で人は「上」にいることを目指すということである。

アドラーがいうような「槌か鉄床か」という二者択一しかないのであれば、常に競争に勝てるという自信があれば問題はないが、競争に勝てることが明白な時にしか課題に挑戦しない、あるいは、失敗することを恐れてそもそも最初から課題に取り組もうとしないことになる。「あなたには力があるのだからやればできるのに」といわれると、課題に取り組もうとはしなくなる人がいる。それは「できる」という可能性を残しておきたいからであり、実際に課題に挑戦してできないという現実を目の当たりにしたくはないからである。

しかし、アドラーは、このような「万人の万人に対する闘い」は一つの世界観ではあるが、普遍妥当するものではない、と指摘する（*ibid.*, S.89）。アドラーの世界観はこのような闘いや競争ではなく、協力が本来的なあり方であると考える。

もとより試験のような競争まで否定するわけではない。協力ということを知っている人は必要があれば競争もするが、競争しか知らない人は協力ということを知らないということはある。競争と見える入学試験ですら学ぶ喜びに裏打ちされてさえいれば、ただの競争だとは思わないだろう。

自由に生きる・運命を変える

内面的な促し

先に引いた森有正の本をもう少し先まで読むと、アルベール・シュバイツァーの話が書いてある（『いかに生きるか』三四～三六ページ）。シュバイツァーは神学者、哲学者、オルガニストだったが、突然、アフリカに行く決心をする。これが彼の「内面の促し」だった。誰もそんな彼を止めることができなかった。学者として芸術家として忙しい生活の合間をぬって、アフリカの人を助けるために医学の勉強をした。もう三十代になっていたが、ストラスブール大学の医学部に入学した。医学的な興味が中心ではなく、これはまったく人道的な見地からのことだった。

「デュプレ（オルガニストでシュバイツァーの相弟子）が、ビドル先生（オルガンの先生）に「どうして先生は止めなかったのですか」といったら、ビドル先生は両手を開いていった。

「神さまが呼んでいるらしい。神さまが呼んでいるというのに、私は何をすることができるか」」

仕事は英語、ドイツ語に訳すと、calling, Berufという。神に呼ばれるとか、呼び出されるという意味である。

自由に生きる

大学院生だった頃の私は勤勉そのものだった。毎週演習や読書会に出るためにギリシア語のテキストを二十ページほど読んでいた。注釈書も山ほど読まないといけなかった。哲学科なのにギリシア語の辞書を引いてばかりの毎日だった。

アドラーが、ある先生に認められ才能を伸ばし始めたがいつも後ろから押されているかのように感じていた不眠症の少年のケースを紹介している（『個人心理学講義』一一八ページ）。先生の勇気づけにもかかわらず自分が本当には優れているとは信じられず、一日中夜遅くまで勉強した。何かを成し遂げるためにはほとんど一晩中起きていなければならない、と考えるようになった。この話を読んで当時の私に似ていると思った。

そういう生活に終止符を打ったのは母の入院だった。脳梗塞《のうこうそく》で倒れた母のベッドサイドに私がもっぱらつかなければならなくなったからである。三カ月の間何もできなかった。何もしないことは私にとって苦痛であり試練だった。しかし、人生において何が大切かを学んだ三カ月でもあった。母が亡くなった時、私はすっかり変わってしまった。「自由になった」という表現がその時の心境を的確に表現している。

最初は楽しかったはずなのに、いつのまにかあることが義務に感じられ、苦痛になってしまうということがある。例えば本を読むことは楽しい営みであるはずなのに、限られた時間の中でたくさんの本を読まないとならなくなると、読書が苦痛になってしまうということはある。

文科系の研究者は、時に読みたくもない本や論文に目を通さなければならない。これは不幸なことで、純粋な読書の喜びから遠く離れてしまうことになる。プラトンのテキストを読むのは楽しいが、それだけでは論文は書けない。注釈書、研究書、論文を読んでいるうちに、本人から話を聞かないで他人の噂話で人を判断することになりかねない。そんな研究のことなど忘れて休みの日に思いっきり本を読んでみたくなった。

須賀敦子が「本を脳の筋肉（そんなものがあるとすれば）でただ嚙み砕いているにすぎないような若いころ」という表現をしている（『ミラノ　霧の風景』一八二ページ）。そんな時期がたしかにあった。三十代の初めの頃が、私にはそういう時期だった。量的にはそれほど本を読まなかった二十代は、ギリシア語のテキストばかり読んでいた。一冊の本を読むのに七年もかかったことがあった。

あらゆる意味での強制や束縛から解放されて本を読むことができるようになったのは、そんなに古い話ではない。今は強いられて本を読むことはなくなった。神に呼び出されるという意味での「仕事」(calling, Beruf) にようやく出会えたように思う。

高校生の時に読んだ本の中で今も印象に残っている本にリルケの『若き詩人への手紙』がある。カプスという若い詩人がリルケに自作の詩の批評を求めて手紙を出し、それに対してリルケが書いた返事がこの本に収められている。リルケの答えは厳しい。

「私は、そういうことはいっさいおやめになるようにお願いします」

そして、リルケはいう。

「あなたの夜の最も静かな時間に、自分は書かずにはいられないのか、とご自分にお尋ねなさい」(『若き詩人への手紙』一一～一二ページ)

この問いに対して「私は書かずにはいられない」という返事ができるのであれば、生活をこの必然性にしたがって建てなさい、という。

何であれ、書く時にはいつもこのリルケの言葉を思い出す。

中島義道もリルケの手紙を引いている。中島は小説を書いていた時期があった。「毎晩心躍る気持ちで」書いていた。当時、中島を励ましたのは、このリルケの言葉だった。そして書くことをやめさせたのも、同じこのリルケの言葉だった。書かずにはいられないか、書くことをやめられたら、死ななければならないか……

「私は自分に尋ねた。だが「私は書くことをやめたら死ななければならない」と言うことはできなかった。そして、書くことをやめた」（『働くことがイヤな人のための本』三一ページ）

金子みすゞは童謡を書くこと、投稿仲間と文通することを夫に禁じられた。このような歌がある。

「明日よりは、
何を書こうぞ
さみしさよ」

精神の世界を自由に羽ばたいていたみすゞは、書かずにはいられなかった。書くことを禁じられたみすゞは命を絶った。

自分の心に忠実に生きる——椅子がこわい

夏樹《なつき》静子《しずこ》はサスペンス作家として高名である。その夏樹が一年間休筆していたことがある。原因は腰痛。その時の体験談を、腰痛が治ってから『椅子がこわい』という本にまとめている。

作家夏樹静子を支えきれなくなったのだから、夏樹静子を葬ろう、と主治医にいわれ、そのことに同意する。しかしその決断は、当然のことながら容易ならぬものだった。名声も名誉もお金もすべて捨て普通の人に戻る……そんなことはできない、と夏樹は抵抗する。しかし、やむことのない激痛の中、決心した。夏樹静子の葬式を出そう、と。

同じ夏樹静子の『デュアル・ライフ』は、夏樹が腰痛の苦しみの中、腹ばいになって書いていた小説である。これはサスペンスではなく、著者にとって初めてといっていい文学の試みである。若い日に愛し合っていた彼女がいたにもかかわらず、見合い結婚をし、その結果、彼女を裏切ることになって二十数年。主人公が贖罪《しょくざい》の旅に出るという話である。この小説を執筆していた時、夏樹は他の仕事はすべて断っていた。既にこの中で夏樹は後に達することになる境地を表明している。

本当に自分の心に忠実に生きるとはどういうことなのか、人の期待にとらわれることなく生きていけるか……そういうことをこの本は考えさせる。

今になって思えば、これらの本を私自身、体調が悪く、医院勤務を続けることができるのかというようなことを日々考え続けていた頃に読んだ。夏樹の本に惹《ひ》かれたのは、知らずしてやがて私も同じ決断をすることを知っていたからかもしれない。

「川の水には表流水と停滞水があり、表流水が速くて元気がいいほど、停滞水は停滞し、微生物が湧いて底質が悪くなりやすい。一方、自ら攪拌する川というのもあって、それは底質が劣化することはないという。人間も表流水ばかりに気をとられないで、時には自分の川底をひっくり返して攪拌しなければならないのかもしれない」（『椅子がこわい』あとがき、二一一～二一二ページ）

誰も止められない

ソクラテスは、青少年に害悪を与えているという理由などで訴えられた。国外追放のような軽い刑ですんだかもしれないのに、有罪判決を受けてから刑量の票決が行われる前の弁明演説で、自分の生き方がいかに正しいものかを説いて、陪審員たちの神経を逆なでする。

ソクラテスは知者と思われている人のところをめぐって、実は彼らが知者ではないということが明らかになるような対話をしてきた。当然、多くの人を怒らせることになったのだが、国外追放されてもそのような生き方を変えることはない、といった。

「そうすると、たぶん、こう言うひとがあるかもしれない。ソクラテスよ、君はわれわれのところを退去したら、どうか沈黙を守って、おとなしく生きて行ってもらえな

いだろうか、と」(『ソクラテスの弁明』三七e)

きっぱりとそんなことはできない、とソクラテスはいう。ソクラテスはかくて死刑の判決を受けた。自由に生きるにはこのような覚悟がいる。

目標にフォーカスする

時に何か目的を達成しようとするが、その目的を達成すること自体が目的になってしまい、かえってそれが人を苦しめることになることがある。このようなことになってしまう一つの大きな理由は、目標を立てるのはいいのだがその目標に固執してしまい、その目標をいかに達成するか、いかに効率よく達成するかということが主眼になってしまうということである。

目標を達成することに意味があるのであれば、効率よく目標を達成する、あるいは手段を問わずとにもかくにも目標を達成することだけが関心事になってしまう。目標の達成に至るまでの過程は問題にならない。ましてやたとえ目標が達成できないとしても、その過程を楽しむというふうには考えることはできないことになってしまう。

目標を立てること自体に問題があるのではない。しかし目標を達成できないことが明らかになったり、あるいは、気がつけば意図していなかったところにきてしまうということがある。そのような場合でも、どうするかということをたえず考えておかなければならない。

効率がよくなくてもいい、あるいは目標を達成できなくてもいいではないか、と考えるとずいぶんと違ったふうに人生が見えてくる。

人間はこのように本来自分が回避しようとしているまさにそのものへと向かっている、と考えたのはギリシア人だった。イギリスの哲学者であるバートランド・ラッセルが一九五一年に、現代が直面している核戦争の危機について次のようにいっている。「〔世界の諸〕国家はギリシア悲劇の主人公のように悲劇的な運命にとらわれ、怒れる神によって盲目にされたかのようである。心の霧に惑わされて、絶壁へと進んでいる。絶壁から離れて行っていると考えているというのに」(*New Hopes for a Changing World*, p.10)

人はこのように霧の中にいるので、絶壁から離れていっていると信じながらも実際には絶壁に向かって進んでいるということがある。このようなことを回避するためにはどうすればいいだろう。

一つは目標に焦点を当て、常に目標を見定めていることである。自分が本当に成し遂げたいことは何なのか。このことがはっきりしていさえすれば、いつでも一つの道に固執することなく、必要があれば撤退して別の道に進むことができる。ただし、その際、それまでにあまりに多くの時間とエネルギー、あるいはお金を費やしていれば、撤退には勇気が要る。

勤務していた医院を辞めた後一年ほど経ったある日、講演会の依頼が増えたこと、カウンセリングの予約が増えたという話を息子にしたことがある。

「頑張って働かないと君、大学に行けないからね」

というと、

「新聞の配達でもしようか」

と息子はいう。

「いやいやそれはいいんだ、頑張るから」

「でも、そんなふうに仕事が増えたら、せっかく暇を作りたいと思って仕事を辞めたのに、君だめじゃないか」

目標を見失ってしまったらこんなことになってしまう。

目標にフォーカスすることで、自分にとって本当に大切な目標から逸《そ》れて目先のことにとらわれるということがないようにしなければならない一方で、目標にフォーカスできているからこそ目先のことにじっくり集中して取り組むことができるともいえる。フォーカスすることに問題があるとすれば、近くのものが見えなくなったり、目標の実現のために、直接役立たないことのすべてを排除しようとすることである。目標にフォーカスしているのだから、それを既定の事実としてしまえば、近くのものがよく見える。無駄なことをしても、まわり道をしてもいいわけである。ただ目的地に着けばいいというわけではない。ずっと眠っていてはつまらない。途中の景色を楽しみたいし、道すがらどこかで道草を食うのもすてきである。

森有正はいっている。

「……しかしあわててはいけない。リールケの言ったように先に無限の時間があると考えて、落ち着いていなければいけない。それだけがよい質の仕事を生み出すからである」(『森有正全集』十三巻「日記」、三二一ページ)。

八十歳の木彫りの彫刻家の話を聞いたことがある。その人は百年かかっても彫りきれないほどの樹木の木材をストックしているという。

中世哲学の山田晶は、京都大学で行っているトマス・アクィナスの『神学大全』の演習についてこんなことをいっている。あまり進まないので、この調子でいくと全巻を読了するのに二百年はかかりそうである、と。

「つまり、私たちの代では終わらないということである。しかし私はそれでよいと思っている。何故そんなにあせるのか。学問の面白さは、涯しのない真理の大海のなかに身を投げ入れて、その一滴を味わうところにはじめて生じてくるのではないだろうか」(「聖トマス・アクィナスと『神学大全』」、『世界の名著　トマス・アクィナス』所収、

（一四〜一五ページ）

気を変える権利

哲学者の鶴見俊輔《つるみしゅんすけ》は、京都でベトナム戦争の脱走兵を援助していたことがある。ある時、日本人の脱走兵を自分の家の二階に泊めた。当時は日本人でもアメリカの大学に行っていると、徴兵検査の通知がくることがあった。戦争に行って帰れば学費免除になり親も助かると思って検査に行った。体格がいいのですぐにベトナム送りになった。すると殺したり殺されたりという現実が彼を待ち受けていたのである。休暇で日本に帰った時に、驚いた親が脱走兵を援助する組織があることを知り、子どもをそこへ送ったわけである。アメリカとの政治的な交渉は当然あったのだが、ここでは鶴見がいう「途中で気を変える権利」について注目したい。

「たとえばアフガンに行って、どんどん殺したり、殺されたりやってるうちに考えるよ、そりゃ。そしたらどうなるか。「お前、途中で気を変えるなんてけしからん」というようなことをいう日本の、進歩的な正義感っていうのかな、サムライ的な正義感から少し自由になったほうがいい」（『鶴見俊輔対談集　未来におきたいものは』三七二ページ）

始めからすべてを見とおせ、というのは無理である。一度決めたからといって引き返すことができないというのは危険この上ない。このような特殊なケースだけでなく、日常の生活の中でも再決断を必要とするケースはいくらでも起こりうる。

運命や理不尽にどう立ち向かうのか

運命から逃れることはできるのか

オイディプスは、父を殺し母を妻とするという神託を受け、生まれてすぐに捨てられる。後にオイディプスはテバイの王になり、テバイにふりかかった災いの原因を探すべく父親殺しの下手人を見つけ出そうとする。ところが自らの辿った人生を振り返ると、思いがけず自分が預言どおり父を殺し母を妻としていたことを次第次第に知っていくことになる。オイディプスは絶望のあまり短剣で自らの目を刺し、盲目の身となって諸国を遍歴する。

定められた運命から逃げて行こうとしながらも、決して逃れることのできなかったオイディプス、栄華の絶頂にあったオイディプスを合唱隊は次のように歌う。

「おお、祖国テバイに住む人びとよ、心して見よ、これぞオイディプス、
かつては名だかき謎の解き手、権勢ならぶ者もなく、
町びとこぞりてその幸運を、羨み仰ぎて見しものを、
ああなんたる非運の荒浪に　呑まれてほろびたまいしぞ。
されば死すべき人の身は　はるかにかの最期の日の見きわめを待て。
何らの苦しみにもあわずして　この世のきわに至るまでは、
何人をも幸福とは呼ぶなかれ」（ソポクレス『オイディプス王』一三二〜一三三ページ、藤澤令夫訳）。

最期の日を待たなければ人を幸福と呼ぶことはできないのだろうか。あるいは、運命というものがあって、人はギリシアの人々が信じていたようにそれから逃れることができないのだろうか。

栄華の極みにあったリュディアの王、クロイソスはソロンに幸福者である、といってもらえなかったことを不満に思った。私のこの幸福は何の価値もないと思うのか、とソロンを問い詰める。

・ソロンは答えた。どんな幸運もいつまで続くかわからない、今日幸福であっても明日のことは保証されない。「人間万事偶然のみ」と。事実、リュディアにペルシア人が侵入し、都サルディスは陥落する。クロイソスはうずたかく積まれた薪の上に立たされて火刑に処せられることになる。その時ふとソロンの言葉を思い出す。「人間は生きている限り、なにびとも幸福であるとはいえない」(『歴史』巻一、八六、七〇ページ)。

『聖なる予言』(ジェームズ・レッドフィールド)には、こういうことが書いてある(一六ページ)。ペルーで発見された古文書に、人生の意味についての九つの知恵が書かれている。その第一の知恵は、「偶然の一致」に気がついた時に始まるという。

「あなたは何か、自分がやりたいことについて、予感とか直感を感じたことがない？人生の進路についてはどう？　そして、なぜ、そんな感じがしたか、不思議に思ったことはなかった？　そのあと、そんなことはすっかり忘れて、ほかのことに夢中になっていたのに、ある時、誰かに会ったり、何かを読んだり、どこかへ行ったりしたのがきっかけで、望んでいた方向に導かれたという経験はない？」

このような偶然の一致は、どんどん頻繁に起こるようになって、単なる偶然を超えている、と思い至り、何か説明できない力に私たちの人生が導かれているかのように運命づけられている、と感じ始めるというように説明されている。

アドラーは、以上のようなことを初めとして、神秘的なこと、証明できないことを認めない人だった。神についてもそれは実在するものであるとは考えず、優越性、あるいは完全性の目標を具体化した観念（idea）というふうに考えた。このようなことの真偽は、結局のところよくわからないと思う。ウィリアム・ジェームズは、超常現象の証明には、それを信じたい人には信じるに十分な証拠が出る一方、信じない人には否定するに十分な曖昧《あいまい》さが残る、といっている。これは「ウィリアム・ジェームズの法則」と呼ばれている（立花隆『臨死体験（下）』一九〇ページ）。

ある時、アドラーは、いわゆるテレパシーを経験した（Bottome, Phyllis. *Alfred Adler: a Portrait from Life*, p.55）。夜中に目を覚ました。その時見ていた夢は非常に鮮やかで、船が海の中に沈んでいくのを見ているようであった。次の日、タイタニック号が沈んだことをアドラーは知った。アドラーが夜中に目を覚ましたのはちょうど船が沈んだ時間だった。しかし、見かけほど偶然ではなかった、とアドラーはいう。その時アドラーは一部しか手元に残っていない『神経質について』の原稿のことを心配していた。アメリカに原稿を送ったのだが、いつものように、コピーを取っていなかったのである。船が沈めば、何年もかかった仕事をふいにするところだった。この本の原稿は、タイタニック号には乗せていなかったので、まもなく無事届いたという知らせを受け取った。このようなことにもアドラーは神秘的な意味づけは一切しない。

アドラーが超常的なことに対して否定的であるのにはわけがある。何か恐ろしいことに遭遇しながら傷つくことなく助かった人は、運命があらかじめ定まっていると思うようになることがある、といっている。

ある人は次のような経験を語った。ある時ウィーンの劇場に行こうとしていたのだが、その前に別のところに行かなければならないことになった。ようやく劇場に着くと、劇場は焼け落ちていた。何もかもなくなったのに彼は助かった。このような人が自分は何か高い目的へと運命づけられていると思うようになるのは容易なことである、とアドラーはいう。問題は、このような人がその後の人生においてそのような期待とは違った結果に終わる経験をした時である。勇気をくじかれ、重要な支えを失ってうつ状態になることもあるからである(『個人心理学講義』八七ページ)。

運が悪いのか?

運命を信じると、私たちが自らの責任で決めなければならないことを運命に委ね、責任から免れるということに注意しなければならない。何もかも決まっているとしたら努力することはないだろうし、他方、努力してもソロンの言葉のように「人間万事偶然のみ」で、いかなる幸福も長続きしないと考えるとすれば、人間がどうすることもできない力の前に立ち尽くすしかないことになってしまうだろう。

ある日タクシーの運転手さんとこんな話をした。

「お客さんを乗せていてこんなことをいうのもなんですが、お客さんを乗せてしまったら、後は目的地まで安全に運転すればいいわけで、この時間は〈仕事〉をしているわけではないのです。では、いつが私にとって〈仕事〉かといえば、お客さんを降ろして、次のお客さんが乗る時まで。その時にただ漫然と車を走らせていてはいけないのです。どこでいつお客さんをひろえるか情報を集めるのです。こんなふうに考えて十年間車に乗ると、その後の十年が変わってきます。『客が少なくて』今日は運が悪かった」といっているようではこの仕事はやってはいけないのです」

短距離の客であってもたくさんひろえばそれなりの収入になるのではないかと思うが、そのような客が乗ってくること、あるいは客が少ないことを運が悪いといっているような人は事態を改善する手を打たないわけだから、その人の人生は何も変わらないか、あるいは何もしない分、悪くなるということは考えられる。

今つきあっている彼とのことを占ってもらったら、結婚できないといわれ、ショックで食事も喉《のど》を通らない、と友人から電話がかかってきた。結婚できないのならどんなに頑張っても意味がないじゃない、とその人はいう。

「うまくいってなかったの？」

「そんなことない。いい関係だと思う」

「それでは、占いに行ったわけがわからないねえ」

「だって結婚したいし……」

思うにこういうことは、人に決めてもらうことではない。「きっとこの占いは当たるよ」といったら、動揺するのは目に見えていたので、説明しなければならなかった。

瀬戸内寂聴《せとうちじやくちよう》がこんな話を紹介している（瀬戸内寂聴『かきおき草子』六九ページ）。

二人の仲の良い兄弟の運勢をある人が占った。兄は将来金持ちになるだろう。弟は最悪の星のもとに生まれたので何をしてもうまくいかず将来ひどい貧乏になるだろう。

さて、二人はどうなったか。

兄はどうせ金持ちになるのだから、と何の努力もしなかった。親譲りの土地も家も人手にわたり、何もかも失った。

他方、弟は自分は運が悪いのだから、と一生懸命努力した。夜昼なく働き続け、気がついたら大地主になって、結婚し、子どもも生まれ幸福に暮らした。

「だからね……」

と私は彼女に話した。

「占いで結婚できないといわれてよかったじゃない。だって、彼と結婚できます、っていわれたら、彼との関係をよくしようとする努力はしないよ。でも、だめっていわれて、でもあなたが彼と一緒になりたいと思うなら、関係をよくする努力をするじゃない。ねっ」

満足して彼女は電話を切った。

人はいつ生まれてくるかが決められないように、いつ死ぬかも決めることはできない。また、地震のような自然災害がいつ来るかもおそらく知ることはできないだろう。しかし、死や災害を前にして態度決定をすることはできる。人がいつ誰と会い、別れるかも決めることができない。世界が自分に何をするかを決めることはできない。しかし、世界に対して自分が何ができるかは決めることができるのである。

今ここで

その日を摘め

ホラティウスの書いた八行詩に carpe diem「その日を摘め」という言葉がある。

未来など頼みにしないで、今日この日を摘みとれ、と詩人は歌う。

この言葉について須賀敦子が次のような説明をしている（『本に読まれて』一七二ページ）。ローマに帰った古典好きの彼女の友人によると、次のような意味である。

「これ（carpe）は、花を摘むみたいに、葉のあいだに見えかくれする実を、ぱっと摘みとるとか、そんな言葉なんだよ。ぐずぐずしてないで、さっと摘め、そんな感じだ。ぷちん。その瞬間、私は、花の茎が折れる、微かだがはじけるようなあの音を聞いた気がした」

生きながら火あぶりにされるまさにその時、クロイソスは、ソロンの「人間は生きている限り、なにびとも幸福であるとはいえない」という言葉を思い出した。栄華の絶頂を極めたと思える人でも最後にはどうなるかわからないということをこの言葉は教える。しかし、「その日を摘め」というホラティウスの言葉は、ソロンの言葉とは違う人生についての見方があることを教える。

キーネーシスとエネルゲイア

アリストテレスが、キーネーシス（動）とエネルゲイア（現実活動態）を対比して論じている個所がある（『形而上学』θ巻第6章一〇四八b一八－三五など。なお以下の論点については、藤澤令夫『イデアと世界』第7章「現実活動態」『藤澤令夫著作集』第二巻所収、また、『ギリシア哲学と現代』Ⅶ章「アリストテレスの哲学と〈エネルゲイア〉の思想」第Ⅴ巻所収、に負うている)。

常識的には、「物(x)があって、その物が、時間・空間の中で動く」。

これは第4章で見た価値中立的な原子論的な世界観であり、「物」とその構成要素の時間・空間内での運動の記述が世界のあり方のすべてを説明しつくせるという立場である。

この世界観においては、世界の一部である人間の行動は、

「人間がいて、その人間が、時間・空間の中で、行動する――ある目的に向かって」

と考えることができる。

しかしこのように把握された人間の行動は、実際には「行為」ではなく、運動(キーネーシス)にほかならない。運動であれば、目的は早く達成されるのが望ましい。キーネーシスは時間の内にあって、その行為自体は目的ではない。目的に到達するまでの行為は未完成であり不完全である。「なしつつある」ことではなく、どれだけのことをどれだけの期間に「なしてしまった」かが重要である。

しかし人間本来の行為のあり方はこのようなキーネーシスではなく、エネルゲイアと呼ばれるものであり、効率という観念が本質的に入り込む余地がない、とアリスト

テレスは考える。目的は行為の内に存在する。行為自身がそのまま目的であるということである。したがってエネルゲイアとしての行為は常に完全で「どこからどこまで」という条件とも「どれだけの時間に」ということとも無関係である。「なしつつある」ことが、そのまま「なしてしまった」ことである。例えば、ダンスは踊ることそれ自体に価値があるのであって、ダンスによってどこまで行くか、しかも効率的に行くかということは問題にならない。

それでは「生きる」ことはどうか。たしかに人間の生を空間的に表象し、誕生で始まり死で終わるというふうに線分の形でイメージすることはある。しかしこれは生を説明するための便宜手段にしかすぎない。本来的には生きることはキーネーシスではなくエネルゲイアである。刻々の「今」「生きてしまっている」。そのようにアリストテレスは考えるのである。

今ここでの幸福

先にオイディプスの言葉を引いて、最期の日を待たなければ人を幸福と呼ぶことはできないのかと考えたが、生をエネルゲイアとして捉《とら》えれば、最期の日を待たなくてもいいことになる。今のこの生が完全だからである。

とはいえ、ここでいう生は「ただ生きる」ことではなく「善く生きる」ことである。明日を今日の延長にしてただ生を先に延ばすことでは、今のこの生を完全にすることはできない。明日のことを思わず、今日の一日を満ち足りたものとして過ごす。もしも一日一日を、さらにはこの一瞬一瞬を大切に生き切れば、ともすれば見逃してしまう何気ない瞬間が違ったふうに見えてくる。ちょうど旅に出た時に、目的地に着くことではなく、そこに至るまでの途中の景色を楽しむように。効率的、あるいは能率的に目的地に着くことは旅とは無縁である。

「人間がいて、その人間が、時間・空間の中で、行動する——ある目的に向かって」というふうに空間的に表象されたものとして人生を見ないで、今のこの生を完全なものとして生き切るならば、志をとげず道半ばで倒れるといういい方すら意味をもたなくなる。さらに、死は人生の行く手を妨げるものではない。生きることは、エネルゲイアである。エネルゲイアはキーネーシスとは違って時間の内になく、時間によって計ることはできない。生をそのような意味のエネルゲイアとして捉えれば、死はもはや脅威ではなくなることになる。たとえ生きてきたことのすべてが死と共に無となって無駄に終わるように見えたとしてもである。ただ生きる、あるいは生き延びることは時間の永続を願うが、善く生きること、あるいはエネルゲイアとしての生は時間を超えた永遠性が指向されているのである。

今自分が幸福であることを妨げていると考えている事態があって、それが取り除かれれば幸福になるだろう、もしもこれやあれが実現したら幸福になれるだろう、と考えること、あるいは、過去においてトラウマとなった出来事を経験したので今生きづらいというようなことをいうのは、神経症的論理である。この論理においては生きることはキーネーシスとして捉えられている。

プラトンの最晩年の対話篇である『法律』にこんなことが書いてある。正しい生き方とは何か。それは一種の遊びを楽しみながら生きることである（八〇三e）。一瞬一瞬を大切に生きるといっても、常に息詰まるような緊張状態にある必要はない。どこにも到達しないかもしれないが、今のこの瞬間を楽しむ。楽しむためには真剣でなければならないが深刻である必要はない。ただ今のこの瞬間、遊びながら楽しむ。この瞬間に過去を手放し、今を生き切る。今しか幸福になれない。「生きていて、よかった」。そう思える瞬間においては、過去も未来も存在しない。そのような瞬間に生は完成するのである。

強く生きること——運命を超える

最近物忘れが激しくなったという父に、

「でも忘れていることに気がつくのだったらいいね」

というと、

「そうだ……ひょっとしたら私だけが気がついていないで忘れていることがあるかもしれない。それが恐い」

と父はいう。しかし、忘れていることにも気がつかなければ、そういうことには責任を取りようがないわけである。

中学生の時に交通事故にあったことがある。自転車に乗っていた私に、スピードを出しすぎてカーブを曲がりきれなかったバイクが猛スピードで突っ込んできたのである。私が覚えているのは、バイクがこちらに向かってくるところまでで、そこから先は記憶が途切れている。

どうやら救急車で運ばれたのだが、次に気がついたのは、病院で治療を受けている時で、痛いので「やめろ」とか「放せ」とかいって暴れていた。意識がなくなったわけではない。「動いていた」わけだから。しかし、何も覚えていない。私としてはバイクとぶつかってから病院の処置室のベッドで気がつくまでは意識はなかったとしかいえない。身体が「動いていても」意識があるとはいえないわけである。では私には、その間の自分の行動には責任がないのか……これはむずかしい問題である。

小学生くらいの時は人間が死ぬと無になるのであれば、生きている間にどんなに努力してもどんなにいいことをしても意味がない、と考えていた。もし来世というようなものがあるとすれば、今、自分がこうして生きて感じたり思ったりしていることが消えることなく持続するわけだから、そんなふうに考えたら、死の恐れから脱却できるだろう。しかし、今、私は前世のことを覚えていない。もちろん、可能性としては、この人生が初めてなので前世のことを覚えていないということはあるだろう。しかし、初めてではないという確率の方が高いのではないか。そうすると、私は前世のことを覚えていない、すっかり忘れてしまっている、では前世における私の人生にこの私は責任を取れるのか、取れないだろう。とすると、そもそも前の人生を生きたことすら意味がなくなるのではないか。そんなふうに考えて頭がくらくらした。

これは当時の私には由々しい問題で、この問いに答えることができなくて苦しんだのに、まわりの大人たちが平気な顔をして笑って生きているように見えるのが許せなかった。

しかし、いつまでも頭がくらくらしているのでは生きていけないので、たしかに前世のことは覚えてない、それなら、来世というものがあるとすれば、この人生のことを忘れるとしても、来世において責任が取れるような生き方を「今」することはできるし、そうしようと決心するしかないではないか、と考え、納得することにした。こんなふうにも考えた。人はなぜ死ぬのか。それはわからない。しかしはっきりしていることはすべての人が例外なく必ず死ぬということである。死はそれだけが特別なものとして生とは別にあるわけではなく、生の一部である、と考えることもできる。人はすべて死ぬものであるという一般的な命題に解消することはできない。ほかならぬ〈この私〉が死ぬのである。その意味でどう生き、どう死ぬかは自分で決めたいし、決めなければならない。人はいずれ必ず死ぬ。死ぬとわかっていながらなぜ人間は生きていくのか。このような根源的な問いに答えないで生きていくことはできない。

どうせ死ぬのだからといって自暴自棄になってどんな生き方をしてもいいということにはならないだろう。死ぬのがわかっているから、これまでできなかったような贅《ぜい》沢《たく》三昧《ざんまい》をするというようなことは許されないだろう。この世が終末を迎えるのであれ、不治の病にかかったのであれ、その日を迎える前に死ぬことだってありうる。どうせ死ぬのだからどうして今、死なないのかということはできない。心臓はやがて止まるのだから今止めればいいとはいえないのと同じである。

死の問題を棚上げにするのではなくて、死をいたずらに恐れないでいたいということである。死を恐れることは生きることの喜びまでふいにしてしまう。

死は何らかの意味で人生に終止符を打つのだが、当然のことながら死がすべてではない。不治の病であることを宣告されても、必ずしも人が思うように死が訪れるとは限らないということがある。最後の日の「次の日」がくるのが人生である。

ギリシア悲劇ではストーリーが行き詰まると作家が「機械仕掛けからの神」(デウス・エクス・マキーナ) をもち出して主人公を死なせたりするなどして問題を解決してしまうが、現実はそんなに甘くはない。とことんまで行き詰まってもなお生き続けなければならないので、テレビドラマのように主人公の死をもってドラマが終わるというようなことはない。人生はどんなに苦しくてもそんな形で終わりを告げるというようなことはない。愛しあって、憎しみあって人生は続いていく。

キューブラー・ロスは、死の淵《ふち》から脱して寛解期に入った患者は、残りの時間がないと思っていた方が幸福だったといっている、と報告している（『ライフ・レッスン』二五四ページ）。人は物語が終わると消えてしまう映画やドラマの中の人物ではないのである。

フィンランドの作曲家シベリウスは世界的な名声を得たにもかかわらず、一八九二年以降創作活動をまったくすることなく三十年を過ごした。九一歳で亡くなるまで、高性能の短波受信機で日々全世界の放送を聴き続け、自分が作曲した曲が放送されているのを発見するのが楽しみだったという。そんなふうに人生は物語が終わっても終わらない。

死をめぐる疑問がやがて私に哲学を学ばせることになるわけだが、今はこんなふうに考えている。人生に意味があるかどうかはわからない。たとえ意味がないとしても、この問いに対する答えが見つかるまでは生きないでおくということはできない。答えは出ないかもしれないが、生きることを先送りにはしないでおこう。人生の意味はあるとしても、他の人から、あるいは社会から与えられるのではなくて、自分で見つけるしかない。

「人生の意味は何か」とたずねられ、アドラーは次のように答えている。

「一般的な人生の意味はない。人生の意味は、あなたが自分自身に与えるものだ」

(*Alfred Adler: As We Remember Him*, p.73)

若くして亡くなった母は脳梗塞で倒れ半身が不随になった時、もはや世間でいわれているような人生の意味を失ってしまった。子どもたちが大きくなったら行こうと楽しみにしていた旅行にも行くことはかなわなくなった。やがて意識をすっかりなくしてしまった母の横について思った。

「いったい、人間の幸福って何だろう？　こんなふうに動けなくなって、しかも意識をすっかりなくしてしまったこの期に及んで、なお生きている意味を見出すことができるのだろうか」

お金や名誉を得ても動けなくなったら何の役にも立たない。それらは人生に意味を与えるものではないし、意識がないのであれば健康であることすら、人生の意味や幸福には関係がない。総じていえば、外的な条件、偶然的なものは人生の意味や幸福とはかかわりがない。

そのようなものがあることは「幸福」ではなくて「幸運」であるということである。「幸運」は外的なことや偶然的なことに依存している。そのようなものに左右されている限り、人は幸福になることはできない。

矢野顕子の「Happiness」という歌がある。他の人が幸福に見えたので、その人に代わってみたが、幸福になれなかった、という。幸福に見えてもだめなのである。

プラトンは『国家』の中でこういっている。

「正しいことや美しいこと（見ばえのよいこと）の場合は、そう思われるものを選ぶ人が多く、たとえ実際にはそうではなくても、とにかくそう思われることを行ない、そう思われるものを所有し、人からそう思われさえすればよいとする人々が多いであろう。しかし善いものとなると、もはや誰ひとりとして、自分の所有するものがただそう思われているというだけでは満足できないのであって、実際にそうであるものを求め、たんなる思われ（評判）は、この場合には、誰もその価値を認めないのではないか」（五〇五d）

ここでも、幸福であると思われるだけでは何もならないのであって、実際に幸福であることの必要が語られている。

神谷美恵子は日記の中に次のように書いている。

「生きているイミというのは要するに一人の人間の精神が感じとるものの中にのみあるのではないか」（『神谷美恵子日記』一五〇ページ）

外的なもの、偶然的なものがあるだけで人は自動的に幸福になれるわけではない。どのような状況の中にあっても、自分の置かれた状況の意味づけが人の幸福の鍵《かぎ》を握るのである。

たとえ人生の意味が見つからないように見えても、未来を待たずに、今置かれている状況以外の場所に幸福を求めることなく、「今ここ」において、生きるしかない。今は幸福でないと思っていては、目の前にある幸福を見逃すことになる。

若くして亡くなった母のことを思うと、子どもたちのためにつくした一生がはたして報われるのだろうか、と考えた。ヒルティはこのようにいう。

「地上で罰が加えられないことがあるのは、われわれの見解からすれば、むしろ、この世ですべての勘定が清算されるのではなく、必然的になおそのさきの生活があるにちがいない、という推論を正当化するであろう、と」（『眠られぬ夜のために』九五ページ）

しかし悪人が罰せられなかったり、善人がこの世で報われないのであれば、だからこそそのことは来世があることの証拠であるというような考えには今は与《くみ》することはできない。証明できないことに希望をつなぐことはできないのである。

逆に死が恐ろしいことであると思うことは、知らないことを知っていると思うことにほかならない。死を前にしたソクラテスはこんなふうにいっている。「死を恐れるということは、いいですか、諸君、知恵がないのに、あると思っていることにほかならないのです。なぜなら、死を知っている者は、だれもいないからです」（『ソクラテスの弁明』二九ａ）。もっとも死が「いっさいの善いもののうちの、最大のもの」（二九ａ−ｂ）であるかはわからない。本当のところは、誰にもわからないのである。たとえ「無」に帰することになっても、あるいは臨死体験が教えるように死が至福のものであるとしても、そのこととはかかわりなく、今ここに強く集中して生きたい。

臨死体験を脳内現象だと考えるか、それ以上のものと見る（現実体験説）かは議論の分かれるところだが、立花隆《たちばなたかし》は『臨死体験』という膨大な本においていろいろな立場をかなり公平に報告した後で次のようにいっている。

「ただ、実をいうと、私自身としては、どちらの説が正しくても、大した問題ではないと思っている。結局、死ぬときどうなるかはわからないのだ、だから「今」を大事に生きよう……生きている間に、死についていくら思い悩んでもどうにもならないのに、いつまでもあれこれ思い悩み続けるのは愚かなことである。生きている間は生きていることについて思い悩むべきである」（四二五〜四二七ページ）

立花はどちらが正しいかは死ぬ時の楽しみとしておき、それまでは、「いかによりよく生きるかにエネルギーを使ったほうが利口だと思うようになった」といっている（四二六ページ）。どちらでもないという可能性もあると思うのだが、調査の結果、臨死体験として語られる現象があるということは確信しているようである。

アドラーが運命論は人生の課題からの臆病《おくびょう》な逃避であり、偽りの支えである、と論じていることについては既に見た（『個人心理学講義』八七ページ）。人生に意味があるということを無邪気に信じるだけでは、人生の意味がふいになると思えるような事態にあった時に、たちまち生きることは困難になるかもしれない。けれども、そういう時ですら生を充実したものにしたい。何かの条件が満たされて初めて幸福になることができると考えていると、その条件が満たされた途端幸福は蜃気楼《しんきろう》のように先の方に遠ざかってしまうことになるだろう。

充実した恋愛関係にある人は、この恋は続くのだろうかというようなことはいささかも考えない。明日別れることになるとしても決して後悔しないと思えるほどに充実しているからであり、逆に、それほど充実していれば結果的にはその恋愛は成就し続くということもできる。充実しきれていないと、人はこの恋の行方を不安に思う。意味が見つからないからよき生を送れないのではなく、よき生を送れないから意味を求めているといっていいくらいである。

楽観主義で生きる

人生は時に困難で運命に翻弄《ほんろう》されているとまで思うこともある。しかしどんな人生であっても、外的な出来事が人を幸福にしたり不幸にするわけではないことはこれまで見たとおりである。

どんなことが起こってもなんとかしようと思いたい。このように考えることは楽天主義ではない。楽天主義の人は、何が起こっても大丈夫、何が起こっても悪いことは起こらない、失敗するはずはない、と考える。

しかし、実際には失敗することがある。どんなに努力してもうまくいかないことがある。楽天主義ではなくて、そういう厳しい現実をも見据える楽観主義の立場に立ちたい。「運命論者」は何もしない。人生が順調な時はいいが、突如として人を打ちのめすような出来事に遭遇すればたちまちそのような人の人生の意味は失《う》せてしまうことになる。

さりとて、何をしても何ともならないというような悲観主義に立つ必要はない。悲観主義の人は状況に対する勇気を欠いており、何ともならない、とあきらめて、結局何もしない。

このような悲観主義でも楽天主義でもない、楽観主義に立ちたい。何とかなるかどうかはさしあたってわからないが、何ともならないと考えるのではなく、とにかくできることをしようと思ってできることからする。そのことがいつも報われるかはわからないが、できることから着手し努力するしかない。楽天主義であれ悲観主義であれ、何もしないでただ手をこまねいているだけでは、人生への構えは受動的であり、決して自分が人生の主人公になることはできず、他の人や出来事などに自分の幸福の鍵を委ねることになってしまう。そのように他の人や出来事に依存することなく、幸福であることを自分で選び取ることはできる。

プラトンの『法律』には、本書においてたびたび引いてきた「大切にしなければならないことは、ただ生きることではなくて、善く生きることである」（『クリトン』四八b）と同じ趣旨の言葉が語られている。

「わたしたちは、世の大多数の人びとのように、ただ命を救われてこの世にあることだけが、人間にとって、最も貴いことだとは考えません。むしろ、できるかぎり善き人となり、この世にあるかぎりそのようでありつづけることこそ、最も貴いことと考えています」（『法律』七〇七d、森進一訳）

プラトンはこの考えを終生一貫してもち続けたといえる。そしてこの考えを若きプラトンは、ソクラテスの生きざまから学んだのである。

初めてプラトンの哲学を学ぶ決心をした日、私にギリシア語を最初から学び直すように勧めた森進一先生の書斎には、田中美知太郎という署名が入った短冊が飾られていた。そこにはまさにこの『クリトン』のソクラテスの言葉が書いてあり心に染み入った。

先生の言葉は今も忘れることはできない。私は先生との出会いを運命的なものと感じていたのだが、そのことについて「これは君の方に縁があったのですね」と、そして「でも、これが君にとってよかったのか、そうでなかったのかはわからない。君の命がもつか、ギリシア語がものになるか」といわれたのである。

幸か不幸か今に至るまで命はもっているが、「ただ」生きてきたわけではない。通俗の意味での幸福には縁がなかったし、これからもそうだろうが。

ソクラテスが法廷での弁明演説の最後にこういっている。

「しかし、もう終わりにしよう。時刻ですからね。もう行かなければならない。わたしはこれから死ぬために、諸君はこれから生きるために。しかしわれわれの行く手に待っているものは、どちらがよいのか、誰にもはっきりとはわからないのだ、神でなければ」（『ソクラテスの弁明』四二a）

ともあれ、残された私は「この世にあるかぎり」善く生き続けるよう努めよう。はたしてこの世界が私を受け入れてくれるかはわからないのだが。

あとがき

もうずいぶん前から幸福論を書いてみたいと思っていました。ところが書き始めてから脱稿するまでに、思いがけず時間がかかってしまいました。予想していなかったわけではありませんが、このテーマはそう簡単に書けるものではないことに書き始めてすぐに気がつきました。本書で何度も引いた池田晶子さんは「幸福」はどうつかまえようとしても、そこからスルッと逃げてしまうといっています。ある雑誌で始めた幸福論が中途で挫折《ざせつ》したのだそうです。

「聞くところによれば、史上あまたの哲学者たちがこれに挑戦して、あえなく敗退しているのだそうだ」（『ロゴスに訊け』）。

さらに、

「こんなものはロゴスによって真正面に論じるべき対象ではないのである」

というのです。

こんなことを聞けば、哲学者の一人として私は俄然《がぜん》張り切らないわけにはいきません。それなら私が書くしかないではないか、ロゴス（理性・言葉）によって真正面から幸福について論じてみよう、と思ったのです。

幸福論の対極には不幸論があるわけですが、人間はどんなにしても幸福にはなれないものだ、というのは、ある意味で簡単なことです。しかしカウンセラーとして多くの人の相談にも与《あずか》っている私が、相談にこられる人に「あなたは幸福にはなれないのですよ」といってすますわけにはいかないのです。

今さらながら幸福という言葉を口にすることは気恥ずかしく思えることかもしれませんが、幸福になることを望まない人はない、と私は思います。

しかし何をもって幸福というかということになると人によって考えが違うでしょう。私がこの本の中で書いた幸福はあるいはこれまでイメージされてきたものとはかなり違ったものだったかもしれません。

また、てっとり早く幸福になりたいと思われた人には、時にめんどうな議論につきあわされたと思われたかもしれません。しかし、どうしたら幸福になれるのか、人は何のために生きているのかというような問いには、自動販売機から出てくる飲み物のように簡単に答えることはできないのです。

心理学よりも先に哲学を学んでいた私としては、粗雑な世界解釈にもとづいた心理学を受け入れるわけにはいきません。ウルズラ・ヌーバーは、トラウマ（心的外傷）の自明性を否定した『〈傷つきやすい子ども〉という神話』という本の中で、セラピストが信じている理論によって、クライエントが語る過去はかなり違ったものになる、といっています。本書において私は、人は自分が意味づけした世界に生きていて、過去をも固有の意味づけによって構成している、ということを書きました。不幸なものと思っていた過去が変わるということもありうるのです。カウンセラーやセラピストの世界解釈はクライエントに影響を与え、過去や自分をとりまく世界について特異な解釈をしてしまいます。そのことによって、苦しみから解放されたいと思ってカウンセリングを受けたのに、かえって不幸になるということも考えられます。

そのようなことにならないためにも、一度はこれまであまり考えたことがなかったことについて粘り強く考えてほしいと思ってこの本を書きました。この本を読み終わった今、あなたをとりまく世界がそれまでとは少し違ったふうに見え始めたとしたらうれしいです。

本書が成るにあたって多くの方のお力添えをいただきました。

日本アドラー心理学会の元会長の野田俊作先生の長年のご指導なしにはこの本を書き上げることはできませんでした。先生の影響でアドラー心理学を学び始めて長い歳月が経ちました。

出版を快諾してくださった唯学書房の村田浩司さんには、編集上の有益な示唆はいうに及ばず、何よりも「こんな過激なことを書いてもいいのでしょうか」と恐る恐る私が問うた時に「受けて立ちましょう」と勇気づけてくださいました。本文でも書いたように、悪政下でもなお幸福になるためにはどうしたらいいか考えなければならない時代に私たちは生きているように思います。

編集を担当してくださった尾崎ミオさんには、丹念に原稿を読んでいただき、有益な助言を多々いただきました。「きっと（本の製作の過程で）一度はぶつかることがあるでしょう」という尾崎さんの言葉を私は最初は信じませんでしたが、実際、原稿を書き始めると一度どころか何度もぶつかることになりました。しかし結果としておかげでいい本になったと自負しています。

他にもここではお名前を書き切れない多くの方が、本書の執筆の過程において勇気づけてくださいました。本当にありがとうございました。

二〇〇三年一一月一七日

岸見　一郎

文庫版のためのあとがき

今回角川ソフィア文庫に収められた本の親本を書いたのは二〇〇三年ですから、そんなに前のことではありません。それなのに、私には前世のようにはるかに遠い気がします。

そんな気がするのにはわけがあります。二〇〇六年に思いがけず心筋梗塞《こうそく》で倒れたのです。幸い、一命を取り留めましたが、この時の経験は私の人生や幸福についての見方を変えないわけにはいきませんでした。

病気になったくらいで考えが変わるはずはない、変わったように見えても、病気の前に考えていたことが病気の経験を経て、ただ深化しただけだと思いたいのですが、そう思えるには、あまりに大きな経験でした。病気の前に病気や死について考えることは、冬の寒い日に夏の暑さを想像するような難しいことだったのかもしれません。ですから、今となっては書き直してみたい箇所もありました。しかし、昔書いた日記を後になって書き換えたりしないように、病気になる前に考えたことをそのまま残しておくことに意味があると思い直しました。

その後、私は心筋梗塞で倒れただけでなく、認知症を患った父の介護をしました。

順風満帆どころの人生ではありませんでしたが、そのような経験が私を不幸にしたわけではないことは今振り返って確信できます。

今、読み返すと、家族について触れたところは懐かしく、とりわけ若くして亡くなった母、本書を出版した頃は元気だった父から、人生について多くのことを学んだことに思い至ります。

第1章で言及したように、鳩に抗《あらが》う空気がその飛翔を支えるように、苦悩はただただ苦しいものではなく、幸福の糧なのです。本書が苦しみの最中にある人にとっても、その苦しみを通して生きる喜び、幸福を見出《みいだ》すことに助けになったらうれしいです。

文庫化にあたっては、泉実紀子さんのお世話になりました。ありがとうございました。

二〇一七年二月

岸見　一郎

参考文献

Adler, Alfred. *Individualpsychologie in der Schule: Vorlesungen für Lehrer und Erzieher*, Fischer Taschenbuch Verlag, 1973 (Original: 1929).

Adler, Alfred. *The Pattern of Life*, Cosmopolitan Book Corporation, 1982 (Original: 1930).

Adler, Alfred. *What Life Could Mean to You*, Edited and translated by Colin Brett, One World Publications, 1992 (Original: 1931).

Adler, Alfred. *Der Sinn des Lebens*, Fischer Taschenbuch Verlag, 1980 (Original: 1933).

Ansbacher Heinz L. and Ansbacher Rowena R., eds, *Alfred Adlers Individualpsychologie*, Ernst Reinhardt Verlag, 1982.

Ansbacher, Introduction. in Adler, Alfred, *The Science of Living*, Doubleday, 1969 (Original: 1929).

Bottome, Phyllis. *Alfred Adler: a Portrait from Life*, Vanguard Press, 1957.

Dinkmeyer, Don C et al. *Adlerian Counseling and Psychotherapy*, Merrill Publising Company, 1987.

Jampolsky, Gerald G. *Teach Only Love*, Bantam Books, 1983.

Jampolsky, Gerald G. *Goodbye to Guilt*, Bantam Books, 1985.

Manaster, Guy ed, *Alfred Adler: As We Remember Him*, North American Society of Adlerian Psychology, 1977.

Russell, Bertrand. *New Hopes for a Changing World*, George Allen & Unwin, 1951.

Sicher, Lydia. *The Collected Works of Lydia Sicher: Adlerian Perspective*, QED Press, 1991.

芥川龍之介「竜」（『地獄変・偸盗』新潮社（新潮文庫）、一九六八年、所収）

アドラー、アルフレッド『個人心理学講義　生きることの科学』岸見一郎訳、アルテ、二〇一二年

アドラー、アルフレッド『人はなぜ神経症になるのか』岸見一郎訳、アルテ、二〇一四年
アドラー、アルフレッド『子どもの教育』岸見一郎訳、アルテ、二〇一四年
アルボム、ミッチ『モリー先生との火曜日』別宮貞徳訳、日本放送出版協会、一九九八年
池澤夏樹『イラクの小さな橋を渡って』光文社、二〇〇三年
池田晶子『考える日々』毎日新聞社、一九九八年
池田晶子『魂を考える』法蔵館、一九九九年
池田晶子『2001年哲学の旅』新潮社、二〇〇一年
池田晶子『ロゴスに訊け』角川書店、二〇〇二年
池田晶子『14歳からの哲学――考えるための教科書』トランスビュー、二〇〇三年
市川浩『精神としての身体』講談社（講談社学術文庫）、一九九二年
太田雄三『喪失からの出発　神谷美恵子のこと』岩波書店、二〇〇一年
小倉千加子、上野千鶴子『ザ・フェミニズム』筑摩書房、二〇〇二年
オハンロン、ビル／ビードル、サンディ『可能性療法――効果的なブリーフ・セラピーのための51の方法』宮田敬一／白井幸子訳、誠信書房、一九九九年
神谷美恵子『神谷美恵子著作集1　生きがいについて』みすず書房、一九八〇年
神谷美恵子『神谷美恵子著作集9　遍歴』みすず書房、一九八〇年
神谷美恵子『神谷美恵子日記』角川書店、二〇〇二年
岸見一郎『アドラー心理学入門　よりよい人間関係のために』KKベストセラーズ、一九九九年
クライトン、マイクル『トラヴェルズ――旅、心の軌跡』早川書房（ハヤカワ文庫）、二〇〇〇年
ジェレヴィーニ、アレッサンドロ・G／よしもとばなな『イタリアンばなな』日本放送出版協会（生活人新書）、二〇〇二年

須賀敦子『ミラノ　霧の風景』白水社、一九九〇年
須賀敦子『本に読まれて』中央公論新社、二〇〇一年
瀬戸内寂聴『かきおき草子』新潮社、二〇〇二年
ソポクレス『オイディプス王』藤澤令夫訳、岩波書店、一九六七年
タークル、シェリー『接続された心――インターネット時代のアイデンティティ』日暮雅通訳、早川書房、一九九八年
高橋哲哉『「心」と戦争』晶文社、二〇〇三年
立花隆『臨死体験（下）』文藝春秋、一九九四年
田中美知太郎『田中美知太郎全集2――哲学とその根本問題』筑摩書房、一九八七年
タブッキ、アントニオ『供述によるとペレイラは……』須賀敦子訳、白水社、一九九六年
千葉敦子『よく死ぬことは、よく生きることだ』文藝春秋（文春文庫）、一九九〇年
辻邦生『辻邦生が見た20世紀末』信濃毎日新聞社、二〇〇〇年
鶴見俊輔と中学生たち『大人になるって何？』晶文社、二〇〇二年
鶴見俊輔『鶴見俊輔対談集　未来におきたいものは』晶文社、二〇〇二年
デュ・プレ、ヒラリー／デュ・プレ、ピアス『風のジャクリーヌ――ある真実の物語』高月園子訳、ショパン、一九九九年
ドストエフスキー『カラマーゾフの兄弟』（上）（中）（下）原卓也訳、新潮社（新潮文庫）、一九七八年
中島義道『哲学者のいない国』洋泉社、一九九七年
中島義道『哲学の道場』筑摩書房、一九九八年
中島義道『ひとを〈嫌う〉ということ』角川書店、二〇〇〇年
中島義道『哲学の教科書』講談社（講談社学術文庫）、二〇〇一年
中島義道『働くことがイヤな人のための本　仕事とは何だろうか』日本経済新聞社、二〇〇一年

中島義道『たまたま地上にぼくは生まれた』講談社、二〇〇二年
中島義道『不幸論』PHP研究所（PHP新書）、二〇〇二年
中島義道『怒る技術』PHPエディターズ・グループ、二〇〇三年
夏樹静子『デュアル・ライフ』新潮社、一九九八年
夏樹静子『椅子がこわい　私の腰痛放浪記』文藝春秋、一九九七年
波多野精一『宗教哲学』岩波書店、一九四四年
ビートたけし『菊次郎とさき』新潮社（新潮文庫）、二〇〇一年
ヒルティ『眠られぬ夜のために』（1）（2）草間平作／大和邦太郎訳、岩波書店（岩波文庫）、一九七三年
藤澤令夫『藤澤令夫著作集』全七巻、岩波書店、二〇〇〇～一年
フランクル『宿命を超えて、自己を超えて』山田邦男／松田美佳訳、春秋社、一九九七年
フランクル『意味への意志』山田邦男訳、春秋社、二〇〇二年
プルタルコス『プルタルコス英雄伝』（中）村川堅太郎編、筑摩書房（ちくま学芸文庫）、一九九六年
ヘロドトス『歴史』（上）（中）（下）松平千秋訳、岩波書店（岩波文庫）、一九七一年
辺見庸『いま、抗暴のときに』毎日新聞社、二〇〇三年
辺見庸『単独発言　99年の反動からアフガン報復戦争まで』角川書店、二〇〇一年
ボーヴォワール、シモーヌ・ド『女ざかり　ある女の回想』（上）（下）紀伊国屋書店、一九七五年
宮台真司『サイファ覚醒せよ！』筑摩書房、二〇〇〇年
宮原安春『神谷美恵子　聖なる声』講談社、一九九七年
村上春樹『少年カフカ』新潮社、二〇〇三年
森有正『いかに生きるか』講談社（講談社現代新書）、一九七六年
森有正『森有正全集1　バビロンの流れのほとりにて』筑摩書房、一九七八年

森進一『雲の評定　哲学と文学の間に』筑摩書房、一九八六年
柳田邦男『言葉の力、生きる力』新潮社、二〇〇二年
山崎章郎『病院で死ぬということ』主婦の友社、一九九〇年
山田晶「聖トマス・アクィナスと『神学大全』」、『世界の名著　トマス・アクィナス』山田晶訳、中央公論新社、一九七五年
湯川秀樹『旅人　ある物理学者の回想』角川書店（角川文庫）、一九六〇年
リルケ『若き詩人への手紙』佐藤晃一訳、角川書店（角川文庫）、一九五二年
レイン、R・D『ひき裂かれた自己——分裂病と分裂病質の実存的研究』阪本健二／志貴春彦／笠原嘉訳、みすず書房、一九七一年
レイン、R・D『レイン　わが半生　精神医学への道』中村保男訳、岩波書店（岩波現代文庫）、二〇〇二年
レッドフィールド、ジェームズ『聖なる予言』山川紘矢／山川亜希子訳、角川書店（角川文庫）、一九九六年
ローレンツ、コンラート『人イヌにあう』小原秀雄訳、至誠堂、一九八一年
ロス、エリザベス・キューブラー／ケスラー、デーヴィッド『ライフ・レッスン』上野圭一訳、角川書店、二〇〇一年
鷲田清一『じぶん・この不思議な存在』講談社、一九九六年
鷲田清一『「聴く」ことの力　臨床哲学試論』TBSブリタニカ、一九九九年
鷲田清一『働く女性のための哲学クリニック』朝日新聞社、二〇〇一年
鷲田清一『死なないでいる理由』小学館、二〇〇二年
和辻哲郎『人間の学としての倫理学』岩波書店、一九五一年

右記以外にプラトン、アリストテレス、『聖書』からの引用多数あり。

本書は、二〇〇三年に唯学書房から刊行された『不幸の心理　幸福の哲学』に、加筆、再構成したものです。

幸《こう》福《ふく》の条件《じようけん》
アドラーとギリシア哲学《てつがく》
岸見《きしみ》一郎《いちろう》

平成29年 4月25日 初版発行
令和6年 9月20日 再版発行

発行者●山下直久

発行●株式会社KADOKAWA
〒102-8177 東京都千代田区富士見2-13-3
電話 0570-002-301（ナビダイヤル）

角川文庫 20313

印刷所●株式会社KADOKAWA
製本所●株式会社KADOKAWA

表紙画●和田三造

●お問い合わせ
https://www.kadokawa.co.jp/（「お問い合わせ」へお進みください）
※内容によっては、お答えできない場合があります。
※サポートは日本国内のみとさせていただきます。
※Japanese text only

ISBN978-4-04-400258-9 C0110

◆◇◇

角川文庫発刊に際して

角川源義

第二次世界大戦の敗北は、軍事力の敗北であった以上に、私たちの若い文化力の敗退であった。私たちの文化が戦争に対して如何に無力であり、単なるあだ花に過ぎなかったかを、私たちは身を以て体験し痛感した。西洋近代文化の摂取にとって、明治以後八十年の歳月は決して短かすぎたとは言えない。にもかかわらず、近代文化の伝統を確立し、自由な批判と柔軟な良識に富む文化層として自らを形成することに私たちは失敗して来た。そしてこれは、各層への文化の普及滲透を任務とする出版人の責任でもあった。

一九四五年以来、私たちは再び振出しに戻り、第一歩から踏み出すことを余儀なくされた。これは大きな不幸ではあるが、反面、これまでの混沌・未熟・歪曲の中にあった我が国の文化に秩序と確たる基礎を齎らすためには絶好の機会でもある。角川書店は、このような祖国の文化的危機にあたり、微力をも顧みず再建の礎石たるべき抱負と決意とをもって出発したが、ここに創立以来の念願を果すべく角川文庫を発刊する。これまで刊行されたあらゆる全集叢書文庫類の長所と短所とを検討し、古今東西の不朽の典籍を、良心的編集のもとに、廉価に、そして書架にふさわしい美本として、多くのひとびとに提供しようとする。しかし私たちは徒らに百科全書的な知識のジレッタントを作ることを目的とせず、あくまで祖国の文化に秩序と再建への道を示し、この文庫を角川書店の栄ある事業として、今後永久に継続発展せしめ、学芸と教養との殿堂として大成せんことを期したい。多くの読書子の愛情ある忠言と支持とによって、この希望と抱負とを完遂せしめられんことを願う。

一九四九年五月三日

角川ソフィア文庫ベストセラー

饗宴
恋について

プラトン
山本光雄＝訳

「愛」を主題とした対話編のうち、恋愛の本質と価値について論じた「饗宴」と、友愛の動機と本質について論じた「リュシス」の2編を収録。プラトニック・ラブの真意と古代ギリシャの恋愛観に触れる。

君主論

マキアヴェッリ
訳／大岩　誠

ルネサンス期、当時分裂していたイタリアを強力な独立国とするために大胆な理論を提言。その政治思想は「マキアヴェリズム」の語を生み、今なお政治とは何かを答え、ビジネスにも応用可能な社会人必読の書。

世界を変えた哲学者たち

堀川　哲

二度の大戦、世界恐慌、共産主義革命――。ニーチェ、ハイデガーなど、激動の二〇世紀に多大な影響を与えた一五人の哲学者は、己の思想でいかに社会と対峙したのか。現代哲学と世界史が同時にわかる哲学入門。

歴史を動かした哲学者たち

堀川　哲

革命と資本主義の生成という時代に、哲学者たちはいかなる変革をめざしたのか――。デカルト、カント、ヘーゲル、マルクスなど、近代を代表する11人の哲学者の思想と世界の歴史を平易な文章で紹介する入門書。

若者よ、マルクスを読もう
20歳代の模索と情熱

内田　樹
石川康宏

『共産党宣言』『ヘーゲル法哲学批判序説』をはじめとする、初期の代表作5作を徹底的に嚙み砕いて紹介。その精神、思想と情熱に迫る。初心者にも分かりやすく読める、専門用語を使わないマルクス入門！

角川ソフィア文庫ベストセラー

幸福論
アラン
訳／石川 湧

幸福とはただ待っていれば訪れるものではなく、自らの意志と行動によってのみ達成される──。哲学者アランが、幸福についてときに力強く、ときには瑞々しく、やさしい言葉で綴った九三のプロポ（哲学断章）。

方法序説
デカルト
訳／小場瀬卓三

哲学史上もっとも有名な命題「我思う、ゆえに我あり」を導いた近代哲学の父・デカルト。人間に役立つ知識を得たいと願ったデカルトが、懐疑主義に到達する経緯を綴る、読み応え充分の思想的自叙伝。

新版 精神分析入門（上、下）
フロイト
安田徳太郎・安田一郎＝訳

無意識、自由連想法、エディプス・コンプレックス。精神医学や臨床心理学のみならず、社会学・教育学・文学・芸術ほか20世紀以降のあらゆる分野に根源的な変革をもたらした、フロイト理論の核心を知る名著。

自殺について
ショーペンハウエル
石井 立＝訳

誰もが逃れられない、死（自殺）について深く考察し、そこから生きることの意欲、善人と悪人との差異、人生についての本質へと迫る！ 意思に翻弄される現代人へ、死という永遠の謎を解く鍵をもたらす名著。

木田元の最終講義
反哲学としての哲学
木田 元

若き日に出会った『存在と時間』に魅せられ、ハイデガーを読みたい一心で大学へ進学。以後、五〇年にわたる哲学三昧の日々と、独創的ハイデガー読解誕生の経緯を、現代日本を代表する哲学者が語る最終講義。

角川ソフィア文庫ベストセラー

ありてなければ
「無常」の日本精神史
竹内整一

「世の中は夢か現か現とも夢とも知らずありてなければ」（古今和歌集）。いま、たしかに「ある」が、それは同時に、いつか「なくなる」、あるいはもともとは「なかった」――。「はかなさ」を巡る、無常の精神史をたどる。

哲学は資本主義を変えられるか
ヘーゲル哲学再考
竹田青嗣

現行の資本主義は、格差の拡大、資源と環境の限界を生んだ。これを克服する手がかりは、近代社会の根本理念を作ったヘーゲルの近代哲学にある。今、これをいかに国家間の原理へと拡大できるか、考察する。

ジャパノロジー・コレクション
妖怪　YOKAI
監修／小松和彦

北斎・国芳・芳年をはじめ、有名妖怪絵師たちが描いた妖怪画100点をオールカラーで大公開！　古くから描かれてきた妖怪画の歴史は日本人の心性の歴史でもある。魑魅魍魎の世界へと誘う、全く新しい入門書。

ジャパノロジー・コレクション
和菓子　WAGASHI
藪　光生

季節を映す上生菓子から、庶民の日々の暮らしに根ざした花見団子や饅頭まで、約百種類を新規に撮り下ろし、オールカラーで紹介。その歴史、意味合いや技などもわかりやすく解説した、和菓子ファン必携の書。

ジャパノロジー・コレクション
根付　NETSUKE
駒田牧子
監／渡邊正憲

わずか数センチメートルの小さな工芸品・根付。仏像彫刻等と違い、庶民の間から生まれた日本特有の文化である。動物や食べ物などの豊富な題材、艶めく表情など、日本人の遊び心と繊細な技術を味わう入門書。

角川ソフィア文庫ベストセラー

ジャパノロジー・コレクション
千代紙　CHIYOGAMI
小林一夫

眺めるだけでも楽しい華やかな千代紙の歴史をひもとき、「麻の葉」「七宝」「鹿の子」など名称も美しい伝統柄を紹介。江戸の人々の粋な感性と遊び心が表現された文様が約二百種、オールカラーで楽しめます。

ジャパノロジー・コレクション
盆栽　BONSAI
依田徹

宮中をはじめ、高貴な人々が愛でてきた盆栽は、いまや世界中に愛好家がいる。文化としての盆栽を、名品の写真とともに、その成り立ちや歴史、種類や形、見方、飾り方にいたるまでわかりやすくひもとく。

ジャパノロジー・コレクション
京料理　KYORYORI
千澄子
後藤加寿子

京都に生まれ育った料理研究家親子が、季節に即した京都ならではの料理、食材を詳説。四季折々の行事や風物詩とともに、暮らしに根ざした日本料理の美と心を、美しい写真で伝える。簡単なレシピも掲載。

ジャパノロジー・コレクション
古伊万里　IMARI
森由美

日本を代表するやきもの、伊万里焼。その繊細さ、美しさは国内のみならず海外でも人気を博す。人々の暮らしを豊かに彩ってきた古伊万里の歴史、発展を俯瞰し、その魅力を解き明かす、古伊万里入門の決定版。

ジャパノロジー・コレクション
金魚　KINGYO
岡本信明
川田洋之助

日本人に最もなじみ深い観賞魚「金魚」。鉢でも飼える小ささに、愛くるしい表情で優雅に泳ぐ姿は日本の文化の中で愛でられてきた。基礎知識から見所まで、美しい写真と共にたっぷり紹介。金魚づくしの一冊！

角川ソフィア文庫ベストセラー

ジャパノロジー・コレクション
切子 KIRIKO
土田ルリ子

江戸時代、ギヤマンへの憧れから発展した切子。無色透明が粋な江戸切子に、発色が見事な薩摩切子。篤姫愛用の雛道具などの逸品から現代作品まで、和ガラスの歴史と共に多彩な魅力をオールカラーで紹介！

ジャパノロジー・コレクション
琳派 RIMPA
細見良行

雅にして斬新、絢爛にして明快。日本の美の象徴として、広く海外にまで愛好家をもつ琳派。俵屋宗達から神坂雪佳まで、琳派の流れが俯瞰できる細見美術館のコレクションを中心に琳派作品約七五点を一挙掲載！

ジャパノロジー・コレクション
刀 KATANA
小笠原信夫

名刀とは何か。日本刀としての独自の美意識はいかに生まれたのか。刀剣史の基本から刀匠の仕事場、信仰や儀礼、文化財といった視点まで——。研究の第一人者が多彩な作品写真とともに誘う、奥深き刀の世界。

ジャパノロジー・コレクション
若冲 JAKUCHU
狩野博幸

異能の画家、伊藤若冲。大作『動植綵絵』を始め、『菜蟲譜』や『百犬図』、『象と鯨図屏風』など主要作品を掲載。多種多様な技法を駆使して描かれた絵を詳細に解説、人物像にも迫る。これ1冊で若冲早わかり！

ビギナーズ 日本の思想
新訳 茶の本
岡倉天心
訳／大久保喬樹

『茶の本』(全訳) と『東洋の理想』(抄訳) を、読みやすい訳文と解説で読む！ ロマンチックで波乱に富んだ生涯を、エピソードと証言で綴った読み物風伝記も付載。天心の思想と人物が理解できる入門書。

角川ソフィア文庫ベストセラー